# Chegou a Hora... E Agora?

## Transição Planetária

SAARA NOUSIAINEN

# CHEGOU A HORA... E AGORA?

## Transição Planetária

Aliança

1ª edição, 1ª reimpressão Março/2014, do 4º ao 6º milheiro

---

**TÍTULO**
Chegou a Hora... E agora?
*Transição Planetária*

**AUTOR**
Saara Nousiainen

**REVISÃO**
Roberto de Carvalho

**DIAGRAMAÇÃO**
Cíntia Funchal Rocha de Carvalho

**CAPA**
Cíntia Funchal Rocha de Carvalho

**IMPRESSÃO**
Assahi Gráfica e Editora Ltda

---

**FICHA CATALOGRÁFICA**

*Dados Internacionais de Catalogação na Publicação (CIP)*
*— Câmara Brasileira do Livro | SP | Brasil —*

Nousiainen, Saara
Chegou a hora - - e agora? : Transição Planetária/ Saara Nousiainen.
São Paulo: Editora Aliança, 2012.

ISBN: 978-85-88483-85-9 / 224 páginas

1. Espiritismo 2. Evolução Espiritual 3. Terra (Planeta) - Regeneração 4. Transição Planetária
I. Título

12-11515 CDD-133.9

---

**ÍNDICE PARA CATÁLOGO SISTEMÁTICO:**

1. Espiritismo 133.9

---

**EDITORA ALIANÇA**
Rua Major Diogo, 511 – Bela Vista – São Paulo – SP
CEP 01324-001 | Tel.:(11) 2105 2600 | Fax: (11) 2105 2626
www.editoraalianca.com.br | editora@editoraalianca.com.br

# Chegou a Hora... E Agora?

## Transição Planetária

*Passam séculos e reencarnações. Somam-se milênios. Mas, nossos ganhos evolutivos não acompanham a marcha do tempo e, agora, já no encerramento deste ciclo planetário, precisamos realizar verdadeiras transformações interiores para dar um salto em nossa evolução. Isso é necessário, se quisermos acompanhar o progresso do nosso planeta, em transição para um novo modelo.*

O tema Seleção ou Transição Planetária tem estado muito presente nas cogitações dos espíritas e dos espiritualistas, com afirmativas e conclusões as mais diversas sobre os eventos que ainda advirão.

Sabemos com certeza que estamos transitando para uma nova época, a da regeneração, mas é impossível saber como essa transição se dará, ou seja, o que vai acontecer.

Diante disso, ao invés de perdermos precioso tempo em conjeturas sobre como será, devemos nos preparar devidamente para superar da melhor forma possível os eventos vindouros, além de nos capacitar a colaborar como presenças positivas e benéficas nesses eventos – o que é bem melhor e mais sábio. Essa preparação também é importante para nossa "matrícula" no novo período evolutivo que se avizinha, conforme palavras de Jesus, quando exortou a acendermos as nossas luzes, antes que anoiteça, para que a escuridão não nos apanhe de surpresa.

Neste livro, procurou-se abordar as problemáticas relativas a esta transição que já estamos vivenciando, inclusive como aprender a usar a mente num comando consciente de nós mesmos. Também apresentamos inúmeras práticas e exercícios que, além de auxiliar nos processos evolutivos, ajudam a criar uma blindagem espiritual que possa nos proteger do assédio dos inimigos da luz.

Com toda gratidão,

Saara Nousiainen
Fortaleza, 30 de junho de 2012.

# Sumário

# Capítulo 01

## Meia Hora De Silêncio No Céu

No Apocalipse, último livro da Bíblia, há um momento no qual se diz: "E houve meia hora de silêncio no céu".

Qual será o significado dessa informação?

Sabemos que o tempo apresentado nas profecias é diferente do nosso. Meia hora pode significar meio milênio, meio século, ou qualquer outro período de tempo.

Será que essa meia hora de silêncio significa um período sem intervenção superior no jornadear do ser humano, como se o céu silenciasse a fim de as pessoas poderem definir-se de acordo com seus próprios potenciais evolutivos, permanecendo como estão, ou dando um passo maior e definitivo em sua evolução espiritual?

Seria talvez um período no qual as nossas tendências estariam sendo testadas e dinamizadas, a fim de que as nossas escolhas reflitam com mais exatidão nossa vida interior?

Seria um tempo de maturação para definir nossas inclinações e nossas decisões de permanecer como estamos, aceitando a influência inferior, ou nos desligarmos dela, conectando-nos com as forças luminosas do universo?

É importante observar que estamos vivendo a hora da seleção planetária, que Jesus comparou à separação do joio e do trigo.

Quando um trigal está infestado de joio, nada se pode fazer enquanto as espigas não estiverem maduras, em razão de essas plantas serem iguais. Nesses casos, o joio só pode ser arrancado quando a sua maturidade vier a mostrar sua verdadeira identidade.

Da mesma forma, para que possa haver uma seleção em nossa humanidade, a definir quem está em condições de habitar o planeta neste novo ciclo evolutivo e colaborar com sua evolução, é preciso que também ocorra esse distanciamento entre os que se deixaram dominar pela influência inferior e aqueles que escolheram a porta estreita, dando o grande passo em sua transformação interior.

Se observarmos com atenção, podemos perceber que, em determinado período, na segunda metade do século passado, começou a ocorrer uma quebra de paradigmas, uma invasão de valores diferentes na Terra, influenciando fortemente os ambientes psíquicos do planeta; então, tudo começou a mudar.

Falando de forma generalizada, as letras das músicas, que irradiavam ternura e romantismo, foram lentamente dando lugar a formatos vulgares, vazios, quando não, com fortes apelos sexuais. Há algumas décadas, nos emocionávamos com músicas como *A Noite do Meu Bem*, de Dolores Duran, cuja letra começa assim: "Hoje eu quero a rosa mais linda que houver, e a primeira estrela que vier, para enfeitar a noite do meu bem..." Atualmente, uma das letras de música que mais está "bombando", diz: "Vou te pegar..." O resto da letra está abaixo de qualquer classificação.

Melodias harmoniosas foram cedendo espaço às vibrações das cordas das guitarras e da percussão, em ritmos que potencializam a natureza animal-primitiva do ser humano, como se vê nesses shows que atraem multidões de fãs.

Mas, paralelamente, como que brotando das entranhas da musicalidade universal, foi surgindo o *New Age*, mesmo refletindo características dos seus canalizadores, mas com muitas músicas belíssimas, outras relaxantes, outras vibrantes, embora diferentes. Elas têm a peculiaridade de potencializar nossa vibração, cabendo a nós mantê-la em elevada frequência, caso assim o desejemos. De igual modo, ela tende a mobilizar o ambiente psíquico numa vibração mais cósmica, no rumo do infinito. Estamos falando de forma generalizada, porque sempre há exceções.

Também muitas palavras deixaram de ser usadas, trocadas que foram por outras, com significados diferentes. Por exemplo: "namorar" mudou para "ficar"; flertar virou "azarar". Também a vergonha perdeu espaço e palavras tão bonitinhas, como "encabular-se", não são mais usadas, e a vulgaridade foi tomando conta de boa parcela da população.

A sexolatria está cada vez mais presente no cotidiano das pessoas. Está nas conversas, nas propagandas e até em programas de tevê de grande audiência, cuja tônica é exaltar o sexo e a sensualidade; está no cultuamento ao corpo, submetido como se vê a cirurgias transformadoras, posto que a beleza física passou a dominar, soberana.

Também as artes plásticas foram abandonando as expressões harmônicas, passando a exaltar o grotesco, o desproporcional, o desarmônico. E os vândalos estão em toda parte, praticando tudo que possa desfigurar o que é belo, pichando frentes de casas, paredes, muros, destruindo patrimônio público, etc...

E, junto a tudo isso, ainda há o terrorismo crescente a ceifar vidas inocentes, e as drogas que tomaram conta dos ambientes humanos, provocando inenarráveis tragédias.

Realmente, a impressão é de que o céu está em silêncio, alheio a tantas barbaridades e aberrações que vigoram no planeta, dando ensejo ao ser humano para revelar ou trazer à tona as cargas selvagens, primárias, que ainda traz no inconsciente. A propósito, Apocalipse significa Revelação.

Hoje, grande parte da humanidade curte filmes de terror e de "ação", jogos de *video game* violentos nos quais matar é o certo, é o que se busca e o que se premia, sem falar nos zumbis, vampiros e assemelhados, que povoam esses mundos virtuais.

Acontece que, enquanto alguém está jogando tais games ou assistindo a um filme dessa natureza, ou mesmo conversando sobre crimes e assemelhados, está gerando energia psíquica compatível que, pela lei das afinidades, vai juntar-se aos aglomerados de igual teor existentes nos ambientes humanos, e as pessoas com propensão à violência são influenciadas por essas energias, tornando-se ainda mais violentas. Além disso, tais curtições saturam o inconsciente dessas pessoas com cenas as mais agressivas e trevosas. Então, já se pode sentir o resultado de tudo isso no cotidiano, em situações nunca sonhadas, nas quais alguém pega uma arma e sai matando crianças e demais pessoas inocentes, ou abusa sexualmente de crianças, muitas vezes, das próprias filhas.

O fenômeno da energia psíquica é fácil de ser observado quando entramos num Centro Espírita bem orientado ou numa igreja na qual se vivencia o amor e a fé. Ali, sentimos um ambiente leve, agradável, amoroso. Mas, se entramos num presídio, percebemos logo um ambiente pesado, agressivo, difícil de suportar. Isto acontece por causa dos pensamentos e emoções ali gerados, cuja energia adere ao próprio ambiente físico. A existência da energia psíquica é tão real, que os psicômetras conseguem captá-la, percebê-la. Um bom psicômetra, por exemplo, ao segurar uma joia antiga, consegue perceber e descrever muitas coisas a respeito de quem a usou.

Pode-se observar também que, nesse período em que acreditamos ser o do silêncio no céu, houve reencarnação em massa de Espíritos de diversas procedências, inclusive os "índigos", como ficaram conhecidos. A finalidade, certamente, foi proporcionar uma quebra de paradigmas, das velhas estruturas, permitindo-se que um novo modelo pudesse começar a ser construído. Muitos acreditam que os "índigos" são Espíritos de superior evolução. Diriam que são diferentes.

Houve e continua havendo também a reencarnação de Espíritos mais evoluídos, cuja finalidade é ajudar nesta transição e nas mudanças que devem acontecer. Isto já pode ser observado nos movimentos que despontam em toda parte, visando à proteção ao planeta, ao amparo aos mais fracos, à construção da paz e da igualdade, à evolução espiritual...; na Psicologia que ganhou espaços, adentrando pelos meandros da alma humana, em prenúncios de um entendimento mais amplo sobre o Espírito. É como uma janela aberta para a esperança ou, quem sabe, indicando que a era do silêncio no céu esteja terminando.

Tudo isso vem acontecendo, apesar da força hipnótica que as trevas ainda continuam exercendo sobre imensa parcela da população. É a transição planetária ganhando força.

Com relação ao silêncio no céu, pode-se supor que não é este que tenha ficado silencioso, mas que foi a humanidade que criou uma egrégora negativa tão pesada, que deixou bem mais difícil o contato com o Alto.

Voltando ao Apocalipse, último livro da Bíblia, já no seu final, diz João que viu a nova Jerusalém, que da parte de Deus descia do céu, adereçada como uma esposa ataviada para o seu marido.

Como tudo nas profecias é simbólico, essa profecia nos parece estar relacionada à reencarnação em massa de Espíritos de elevada vibração, procedentes de outros pontos do espaço sideral.

O Espírito Manuel Philomeno de Miranda, no livro *Transição Planetária,* psicografado por Divaldo P. Franco, falando sobre uma reunião ocorrida na dimensão espiritual, com vistas ao projeto de reencarnações em massa de Espíritos procedentes de uma das Plêiades, reproduz as explicações do Espírito Órion que, em determinado momento, assim se expressa:

*(...) Qual seria, então, a razão por que deveriam vir Espíritos de outro Orbe, para o processo de moralização do planeta? Primeiro, porque, não tendo vínculos anteriores como defluentes de existências perturbadoras, não enfrentariam impedimentos interiores para os processos de doação, para os reencontros dolorosos com aqueles que permanecem comprometidos com o mal, que têm interesse em manter o atraso moral das comunidades, a fim de explorá-las psiquicamente em perversos fenômenos de vampirização, de obsessão individual e coletiva...*

De fato, as nossas ressonâncias com o passado reencarnatório, vinculado a vivências comprometidas com o mal, num momento tão delicado como este do transitar para novo modelo, representam fragilidades nas blindagens espirituais que possamos ter construído a serviço do amor. Assim, só nos cabe louvar o Comandante Supremo das nossas vidas e agradecer a esses seres iluminados, cujo amor é tão poderoso que os predispôs a reencarnar entre nós, a fim de nos ajudar, sujeitando-se aos sofrimentos decorrentes de sua própria situação espiritual em oposição aos inimigos da luz, e de uma época tão conturbada e de tão baixa vibração como ocorre atualmente na Terra.

Manuel Philomeno de Miranda narra também as ocorrências que se deram na preparação e efetivação das reencarnações dos milhões de Espíritos enobrecidos, conforme anunciado por Órion, e que já se encontram entre nós.

Vemos então que, por entre as lutas e os sofrimentos causados por essa transição planetária, surgem o auxílio, a esperança e também o consolo de saber que não estamos sozinhos, que a fase difícil passará e que, depois desse apocalipse, teremos nosso mundo em regeneração. É uma situação semelhante à que acontece às mães com as dores do parto, que antecedem a felicidade.

Mas, trata-se de um período decisivo, de escolhas.

Lembremo-nos de que no Apocalipse, quando a referência é feita à época que estamos vivendo, o Anjo disse:

"Tenho contra ti que és morno. Oxalá fosses frio ou quente, mas, por seres morno, vomitar-te-ei da minha boca."

O que significa essa mornidão? Significa desinteresse, acomodação.

## As Explicações Sobre a Transição

Benfeitores espirituais têm informado que incontáveis membros das tribos bárbaras do passado, que estiveram detidos em regiões especiais durante séculos, renasceram na segunda metade do século XX, com físico aprimorado, mas mantendo o mesmo primitivismo, apresentando-se agressivos, quando não exóticos, e promovendo rudes provações e muitos sofrimentos à sociedade que desdenham.

Está aí uma explicação para algumas das mudanças que aconteceram em grande parte da comunidade planetária nas últimas décadas.

Outra informação importante foi dada por Chico Xavier sobre o porquê da sexolatria desta época.

Foi o jornal *Folha Espírita* que publicou, salvo engano, nos anos 1970, uma entrevista com Dr. Hernani Guimarães Andrade, na qual ele fala sobre um encontro que teve com Chico Xavier, no final da década de 1940, ocasião em que o médium mineiro falou-lhe a respeito de um desdobramento que tivera, na qual Emmanuel levou-o a uma cidade no Umbral, onde estava acontecendo uma grande festa do sexo. Como se fosse num carnaval, havia carros alegóricos em formatos de órgãos genitais, e em toda parte a sexolatria estava presente, como se todos os habitantes de lá vivessem em sua função, e mesmo divinizando-o.

Respondendo a uma indagação do Chico, o mentor explicou que toda aquela festividade acontecia porque os habitantes haviam recebido permissão para reencarnar.

Na citada entrevista, Dr. Hernani disse que, com todos aqueles Espíritos reencarnados entre nós, ficava explicado o porquê da onda de sexolatria que começava a ganhar espaço no seio da humanidade.

Vemos então que, nas últimas décadas, legiões e mais legiões de Espíritos das mais diversas procedências, tanto das regiões inferiores quanto de planos superiores, têm reencarnado na Terra, dentro de uma programação que visa à quebra de paradigmas e a mudanças estruturais em todos os campos da vida e das atividades humanas, num preparo para o advento do mundo de regeneração.

## Jogos Eletrônicos x Energias de Baixa Frequência

No que diz respeito às energias de baixa frequência que vibram nos ambientes humanos, é importante registrar de forma específica o papel dos jogos eletrônicos violentos e/ou trevosos que, certamente, refletem uma das pragas do Apocalipse, e essa questão deve ser vista em suas duas vertentes.

Numa delas, vamos encontrar um universo de imagens e ações virtuais agressivas e tenebrosas, nas quais perseguir e matar é a ordem, o prazer e a glória, gerando fortes emoções, cujas vibrações vão se somar às cargas negativas já existentes, envolvendo os ambientes humanos e influenciando pessoas que se lhes afinizam. Além disso, tais vibrações, imagens e energias se acumulam nos subconscientes e nos inconscientes dos jogadores, na forma de um combustível pernicioso, fazendo aflorar agressividades mal contidas em suas intimidades.

Se fosse possível dimensionar toda essa carga vil gerada por jogos eletrônicos na Terra, certamente ficaríamos atônitos.

Na outra vertente, estão os perigos e os problemas aos quais estão sujeitos os que se tornam dependentes desse "lazer", criando um círculo vicioso altamente danoso a toda a sociedade. E esses jogos estão em toda parte e cada vez mais atrativos, por se tratar de um mercado muitíssimo lucrativo. Há para adultos e crianças, sendo que estas iniciam essa atividade cada vez mais cedo.

Em documentário veiculado na televisão sobre jogos eletrônicos, foi entrevistado um médico que se dedica a tratar de viciados em *vídeo game*. Ele apresentou vários casos de pessoas que chegaram a perder o ano letivo, o emprego, e, ainda, a ter o casamento desfeito por causa desse vício.

Nesse documentário, o entrevistado explicou que as pesquisas têm demonstrado que os jogos eletrônicos começam por ocupar determinado espaço na mente do jogador, e, quanto mais ele joga, maior vai ficando esse espaço, e menor o que atende às demais funções mentais.

O filho de uma amiga cursava a faculdade há oito anos, sem conseguir se formar, por causa de seu vício em *vídeo game*. O jovem, que chamaremos de R, pressionado pela mãe e pela noiva, e compreendendo que estava estragando a própria vida, decidiu-se a largar o vício. Deletou todos os jogos do computador e jogou no lixo todos os DVDs de jogos, mas a força de um vício psíquico é semelhante ao de qualquer outro; em pouco mais de uma semana de abstinência, não aguentou e voltou a jogar. Felizmente, com menos de um mês da recaída, um grave acontecimento o fez se decidir, de forma definitiva, a parar de jogar. Conseguiu, mas as crises de abstinência eram tão difíceis e dolorosas, que a família o encaminhou a um médico especializado em tratamento de viciados em jogos eletrônicos. Essa foi uma atitude providencial. O médico diagnosticou-o como adicto, ou seja, portador de uma característica que predispõe ao desenvolvimento de vícios. Um adicto precisa estar sempre muito atento para qualquer sinal de que possa estar adquirindo algum vício. Então, R fez tratamento psicológico, a família o ajudou muito e, depois de vários meses, finalmente pôde informar que havia conseguido superar a pior fase, mas sabia que teria de vigiar se pelo resto da vida, pois, sendo adicto, bastaria um descuido para retomar o vício.

R contou-nos, meses mais tarde, sobre como se sentia quando ainda era dominado pelos jogos eletrônicos. Disse que sua mente estava sempre tomada por aquele ambiente e que, quando estudava ou fazia qualquer outra atividade, era como se tudo fluísse por meio das imagens e da dinâmica dos jogos.

Os viciados em jogos eletrônicos são verdadeiros escravos psíquicos, e pesquisas têm revelado que aproximadamente 10% dos que se dedicam a eles, são dependentes.

O *site* da Globo, na página Ciência e Saúde, veiculou, em 15/11/2011, um estudo publicado pela revista científica *Translational Psichiatry*, com uma matéria intitulada *Videogame aciona área do cérebro que também é ligada ao vício*, informando que adolescentes que passam muito tempo jogando *vídeo games* têm estruturas e níveis de atividade diferentes em áreas do cérebro ligadas à recompensa.

O mesmo *site*, na mesma página, Ciência e Saúde, veiculou, em 25/05/2012, outra matéria sobre esse assunto, com o título: *Especialista critica passividade de pais diante de vício de crianças em TV*, informando: "Durante uma conferência do Royal College of Paediatrics and Child Health que aconteceu nesta semana em Glasgow, na Escócia, o psicólogo Aric Sigman pediu que pais retomem o controle de seus lares". Segundo a matéria, o especialista cita estudos, demonstrando que os estímulos oferecidos na tela levam à liberação do neurotransmissor dopamina no cérebro da pessoa que a observa, acrescentando que os índices da substância sobem rapidamente no cérebro de pessoas que jogam *vídeo games*.

Disse ainda Sigman que a dopamina está fortemente associada à sensação de prazer e tem papel fundamental na formação e na manutenção de vícios; que o cérebro das crianças, jogando *games* por períodos prolongados, pode sofrer alterações neurológicas de longo prazo. Informou ainda que essas alterações se assemelham aos efeitos da dependência por substâncias químicas.

A Tecmundo veiculou uma matéria em 24/05/2012 sobre o novo livro de Phillip Zambardo, pesquisador aposentado da Universidade de Stanford. Ele afirma: "A pornografia e os jogos de *vídeo game* estão matando a juventude dos EUA. Da mesma forma que usuários de drogas e alcoólatras anseiam cada vez mais pelo seu vício, os viciados em novidades buscam novas experiências a qualquer custo. Dessa forma, eles se tornam incapazes de lidar com as realidades da vida, incluindo as relações pessoais, os estudos e o trabalho".

A mídia tem veiculado informações sobre clínicas específicas em tratamento de viciados em jogos eletrônicos em vários países do exterior, inclusive na China, que estaria usando até mesmo eletrochoques como forma de tratamento.

Quando será que o ser humano vai começar a entender toda a dimensão dos males causados pelos jogos eletrônicos?

E quanto a nós, espíritas? Quantos de nós estamos mergulhados nesse submundo virtual, trazendo para as Casas Espíritas esse energismo tão degradante?

Imaginemos um participante de trabalho mediúnico com imagens de vampiros e zumbis, de armas e de matanças passando pela sua mente. Será que um mentor espiritual terá acesso ao seu psiquismo?

---

*Pare por um minuto o que estiver fazendo agora.*
*Respire fundo algumas vezes para harmonizar os ritmos internos e relaxar.*
*De olhos fechados, conecte-se às Forças Cósmicas da LUZ e, durante um minuto, peça para iluminarem a Terra, fazendo a luz vibrar na intimidade de todos os Espíritos encarnados e desencarnados.*
*Sempre que dispuser de um minuto... ou de trinta segundos... ou de apenas dez segundos, repita esse procedimento, esteja onde estiver e mesmo de olhos abertos. É bom para a Terra... É excelente para você.*

---

# Capítulo 02

## Transição Planetária e Energias Incompatíveis

A finalidade deste trabalho não é a de especular sobre acontecimentos profetizados para esta época de transição, porque isto em nada iria nos ajudar. O que podemos fazer agora é nos preparar devidamente, "acendendo nossas luzes", credenciando-nos, assim, a transitar junto com a Terra para o mundo de regeneração.

A maioria dos que estudam e procuram interpretar o Apocalipse, prendem-se às profecias catastróficas, ignorando o "depois", e como é impossível saber o que realmente vai acontecer, o mais sábio é nos prepararmos para esse "depois", ou seja, nos adequarmos devidamente a ser incluídos no mundo de regeneração.

Assim, como estamos transitando de um mundo de provas e de expiações para outro modelo, o de regeneração, é importante entender com mais exatidão o que significa essa regeneração. Será apenas no sentido moral-espiritual, ou seja, a reforma interior?

Pelo desenvolvimento de ideias novas, de novos paradigmas e de nova mentalidade nos mais diversos segmentos humanos, inclusive pelo que indicam o bom senso e a lógica dentro dos conceitos espíritas, é necessário começarmos a perceber a maior abrangência dessa questão.

Se essa regeneração ocorre pela evolução do ser humano, que passa a respirar em mais elevados patamares morais e espirituais, isto forçosamente deverá implicar evolução também em todos os demais sentidos, inclusive no de seus próprios potenciais mentais e espirituais.

Sendo assim, pensemos na necessidade de ampliar o conceito de reforma interior para evolução espiritual, que é bem mais abrangente.

## Por que é tão importante evoluir Espiritualmente?

Além da possibilidade de reprovação no exame final do atual ciclo evolutivo da Terra, com a consequente permanência em um grau inferior, podemos apontar outras duas razões, cada qual mais importante: melhorar as próprias condições de vida; colaborar na transformação da Terra.

Se as condições externas são importantes para o nosso bem-estar, as internas são muito mais. As externas, modifica-se, são transitórias. Num momento, podemos estar muito bem, com saúde, família, profissão e recursos materiais, tudo em harmonia com os nossos desejos. Mas não há qualquer garantia de que isto não possa mudar de um instante para outro. Num segundo, milhões de pessoas veem suas vidas e felicidade destroçadas, caindo do topo do bem-estar ao abismo dos sofrimentos.

Já as condições internas mais maduras, mais bem desenvolvidas, são a nossa âncora segura nos momentos difíceis e a garantia de bem-estar nas horas leves; são geradoras de saúde e equilíbrio físico, além de balizas que sinalizam e definem nossas programações de vida para os futuros anos e próximas encarnações.

Mas, nesta fase atual, fronteira entre dois tempos, tudo é muito confuso. É como acontece quando um edifício está sendo demolido. Em meio à faina dos operários, retirando materiais imprestáveis, derrubando paredes, erguendo outras, é impossível vislumbrar a futura construção, mas, certamente será bem melhor e mais bela que a atual.

Assim, se já conseguimos compreender o momento atual, por certo havemos de nos aperceber também da urgente necessidade de trabalhar pelo nosso crescimento como seres cósmicos que somos, não apenas pensando em nosso próprio progresso, mas também em poder colaborar de forma a mais intensa possível nesta grande transição.

Vemos, então, como a evolução espiritual é excelente para quem consegue realizá-la: enriquece com valores espirituais; ajuda a transmutar o energismo pesado do inconsciente, limpando-o, e se reflete de forma positiva na vida material, em todos os sentidos. Para isso, no entanto, é preciso que a pessoa esteja realmente decidida a limpar o lixo dos pensamentos baixos, agressivos e mesquinhos, o coração dos ódios, mágoas, rancores e falsidades, e a substituir tudo isso pelo amor fraterno, a alteridade, a humildade, procurando direcionar-se sempre pelas leis cósmicas. Também é muito importante a religiosidade, ou seja, aquele sentimento de pequenez diante do Criador, de admiração pela Sua sabedoria, poder e perfeição, que se manifestam em toda a criação, desde as coisas mais simples, como o germinar de um grão de feijão, até às mais complexas, como a fabulosa mecânica cósmica. Essa admiração é o primeiro passo para se amar a Deus, já que é impossível amar-se alguém só porque nos mandam fazê-lo.

Parece-nos que nesta aurora de um novo tempo, devemos começar a minimizar os valores até agora dados ao carma, ao resgate, à expiação, ao pagamento de culpas, etc. Eles não deixaram de existir, mas devem passar a pesar menos em nosso psiquismo, porque estamos saindo da fase expiatória para a regeneradora. São conceitos bastante diferentes.

Assim, importa passarmos a valorizar cada vez mais nossos próprios potenciais, procurando conhecê-los, desenvolvê-los e utilizá-los em benefício do próximo e em proveito do nosso crescimento.

Até mesmo os ensinamentos de Jesus, com essa nova mentalidade, tomam outra cor. Deixam de representar os eternos chavões com cheiro de religião, de obrigação religiosa ou caminho para a colônia espiritual Nosso Lar, surgindo em toda a sua plenitude como verdades científicas, que, obedecidas, promovem o bem-estar da criatura, assim como seu crescimento como ser cósmico e eterno.

Vejamos um exemplo:

Sabemos que em nosso organismo circula, além da bioenergia, a energia psíquica (é possível que ela seja apenas uma forma modificada da bioenergia, pela ação do psiquismo, mas isto agora não importa saber). Essa energia é produzida pelo pensamento, pelos sentimentos e pelas emoções. É tão sutil, que ainda não se consegue detectá-la por meio de aparelhos, mas sua existência tem sido cientificamente comprovada. São bastante conhecidas as experiências feitas em universidades norte-americanas com plantas que receberam vibrações de amor por grupos de pessoas e as outras que receberam vibrações de ódio, sendo que as primeiras cresceram mais belas e viçosas, enquanto, no segundo caso, muitas murcharam e outras morreram. Igualmente, foram bastante divulgadas pesquisas realizadas em universidades e hospitais, quando parte dos pacientes recebeu preces de grupos de oração, apresentando significativas melhoras, em relação ao grupo controle.

Há também as pesquisas do Dr. Masaru Emoto ao congelar água que havia sido submetida às vibrações de uma prece. No microscópio, as estruturas das moléculas apareciam cristalinas, apresentando belíssimas figuras geométricas. Já a água que fora submetida a vibrações de sentimentos negativos apresentaram formas feias, disformes, grosseiras e desagradáveis.

Lembrando que nosso organismo é composto por 70% de água, podemos entender a importância científica dos ensinamentos de Jesus, quando enfatizou tanto a necessidade do perdão pleno, da mansuetude, do amor e da oração, visto que tais atitudes e ações vibram positivamente em toda a nossa estrutura psíquica e espiritual, refletindo-se em nosso corpo carnal. Por isso, é muito útil ficarmos perguntando sempre a nós mesmos qual é o tipo de energia que estamos gerando nas moléculas de água do nosso corpo.

Com relação às energias psíquicas, peço a sua compreensão, caro leitor, para o fato de estar inserindo neste trabalho algumas experiências pessoais. Entendo ser isto importante porque elas, vivenciadas no cotidiano, quando lhes damos a devida atenção, vão orientando nosso jornadear. Assim, algumas das explicações, práticas e exercícios apresentados neste trabalho são o resultado de experiências próprias que levaram a reflexões e análises, seguidas de muitas e muitas experimentações que acabaram definindo a sua importância.

Numa figura comparativa, poderíamos dizer que a vida, por vezes, nos atira no meio de um rio caudaloso, em razão de nossas necessidades de aprendizado. Ou saímos batendo braços e pernas, aprendendo a nadar, ou nos afogamos.

Isso aconteceu comigo há mais de vinte anos, quando uma forte depressão me atormentava e terríveis crises de enxaqueca me acometiam com muita frequência, atirando-me num inferno de sofrimentos inenarráveis. Como não encontrei qualquer alívio na medicina tradicional, na homeopatia, na acupuntura, nos passes, etc., comecei a pensar que deveria haver alguma solução, talvez interna, para conseguir alívio, e decidi começar a procurá-la dentro de mim. Nessa procura, durante uma crise de enxaqueca, experimentei a prece, orando o "Pai-Nosso", mas essa ativação dos mecanismos mentais só aumentava ainda mais a dor. Tentei então mentalizar as Bem-Aventuranças, naquela parte que diz: "Bem-Aventurados os mansos...", procurando mergulhar nesse sentimento de mansidão, de paz interior, e tive uma leve impressão de alívio. Era muito leve, mas o suficiente para entender que estava no caminho certo.

Foram quase dez anos de experimentações, criando exercícios e práticas, descartando uns, adotando outros, até conseguir elaborar um roteiro de procedimentos com os quais consegui controlar tanto a depressão, quanto a enxaqueca. Falo em controlar, porque as crises continuam, mas com apenas uns 10% ou 15% de sua intensidade normal.

Esse foi um aprendizado valioso, porque descobri muitas coisas importantes. Uma delas refere-se às energias de natureza psíquica, que são geradas ou transformadas pela atuação do nosso psiquismo, ou seja, sentimento, emoção e pensamento.

Descobri, também, confirmando na prática, que nosso sistema energético, quando carregado com energias incompatíveis, gera bloqueios, forma áreas enfermiças em órgãos predispostos e, o mais importante para mim, representava a causa principal da depressão de que vinha sofrendo e das enxaquecas que pareciam não ter solução.

Chamo essas energias de incompatíveis, porque as compatíveis fluem livremente. Por exemplo, um criminoso se dá muito bem no ambiente de uma delegacia, de um presídio, ou em meio a seus comparsas. Já uma pessoa, cuja vibração característica é mais elevada, sente-se mal nesses ambientes.

No início das experimentações em referência, muitas vezes sentia que esse energismo pesado se acumulava na minha cabeça e, por eu não saber ainda como eliminá-lo, ele descia para o corpo, alojando-se em algum órgão que enfermava. Quando estacionava no aparelho respiratório, eu ficava gripada. Se fosse no aparelho digestivo, tinha uma crise digestiva que durava dois ou três dias. Caso fosse na coluna vertebral, crises de coluna me imobilizavam por alguns dias. Algumas vezes, descia até os pés. Então, a sola dos pés se abria em vários pontos, ficando em "carne viva", e a causa ou a cura os médicos não conseguiam encontrar.

Sabe-se que energias pesadas são, muitas vezes, geradas por nós mesmos. Podemos igualmente assimilá-las dos ambientes por onde nos movemos, dos Espíritos que no-las direcionam, encarnados e desencarnados. Tudo indica também que, em muitas situações, elas provêm do nosso próprio inconsciente, que ainda guarda esse "lixo psíquico", resultado de fatos infelizes, deploráveis ou traumáticos vivenciados em vidas passadas, cujo peso emocional é perturbador, gerando medo, angústia, fobias diversas, sentimentos de culpa, e desembocando em estados depressivos ou psicoses as mais variadas.

É possível crer que, em razão dessa transição do nosso planeta para uma condição melhorada, devido a uma maior urgência nessas catarses, elas estejam ocorrendo dessa forma, aflorando do inconsciente com tanta intensidade. Então, com esse entendimento, é possível explicar o surgimento e o recrudescimento de enfermidades, como a depressão, o pânico, a enxaqueca, a fibromialgia e tantas outras que vêm martirizando milhões de pessoas.

Talvez você diga que algumas dessas enfermidades ocorrem por deficiências na produção de neurotransmissores, etc. Mas o que leva o organismo a produzi-los de forma deficitária? Não será um sistema energético bloqueado ou carregado com energias incompatíveis, que dificultam ou adulteram o trabalho normal e natural das funções orgânicas?

Uma constatação muito importante que pude fazer é que, junto a alguns exercícios que chamo de "varredura energética", a maior das forças, o mais poderoso procedimento para eliminar energias de baixo teor é a geração de amor. No momento em que desenvolvemos amorosidade, buscando sentir afeto por nós mesmos, pelo nosso ambiente, pelas pessoas no nosso entorno, de preferência as desconhecidas, podemos sentir como todo aquele energismo pesado que nos constringe vai desaparecendo, dando lugar a uma sensação de bem-estar e de contentamento.

É aquilo de que falei sobre a vida nos atirar no meio de um rio caudaloso para aprendermos a nadar. É quando descobrimos, pelos caminhos do sofrimento e da luta pelo alívio, a importância científica dos ensinamentos de Jesus.

Passamos a entender, então, pelas nossas próprias experiências, que perdoar, amar, ser fraterno, pacífico, mais que preceitos religiosos, são fatores de saúde física e psíquica, porque geram energia psíquica positiva, de boa qualidade. São também fatores de prosperidade material, até o ponto em que a programação reencarnatória permita, porque a pessoa que se habitua a desenvolver vibrações de elevado teor, cria uma presença agradável, que lhe abre muitas portas.

Para quem a vivencia, esta é uma experiência incrível: chegar ao Mestre pelos caminhos da razão, por meio da própria vivência, com a constatação da verdade científica que há nos Seus ensinamentos. Então, é possível perceber, nos meandros dessa transição de mundo de provas e de expiações para o de regeneração, um novo conceito: o do Cristo cientista. Não se trata de um Jesus que veio para criar uma religião e ser idolatrado, mas do grande conhecedor das leis cósmicas que nos ensinou como devemos viver e agir para o nosso próprio bem-estar.

Na verdade, há dentro de nós um universo de conhecimentos a serem buscados, de capacidades, aptidões e possibilidades infinitas, que poderão nos conduzir a patamares evolutivos mais compatíveis com as características de um mundo de regeneração.

Quando aprendermos a utilizar corretamente nossos potenciais mentais e as energias existentes em nós e em torno de nós, seremos capazes até de curar a nós mesmos. Mas esse não é um simples processo de aquisição de conhecimentos, mas sim de autocapacitação, que só se realiza com bastante esforço e, paralelamente, com o desenvolvimento dos valores da alma.

Esse certamente é um longo caminho, porém, se começarmos agora, mais cedo chegaremos lá.

*A recepcionista disse:*

*– Você chegou cheio de esperança e até mesmo feliz, ao Grande Curador. Está saindo cabisbaixo, desanimado e triste. Por quê?*

*O paciente respondeu:*

*– Porque Ele me fez ver que minha cura só depende de mim. Terei de fazer grandes esforços, mudar meus enfoques, meu modo de vida... Prefiro continuar enfermo e infeliz.*

*E você, amigo leitor?*

# Capítulo 03

## Influências Energéticas

Com relação à questão das energias, o escritor Francisco de Carvalho, no livro, *Influências Energéticas Humanas*, explica o fenômeno da seguinte forma: "As energias psíquicas, no que se refere à sua atuação em nós ou através de nós, podem ser classificadas pela sua potência e pelo seu teor. A potência é determinada pela força mental aliada à força da emoção e da vontade que direcionam e dinamizam tais energias. O teor é definido pela qualidade, desde as mais inferiores e trevosas, até as mais elevadas e luminosas."

Podemos entender que somos uma verdadeira indústria em perene atividade, gerando energia psíquica positiva, neutra ou negativa e, ao mesmo tempo, somos também consumidores de energias geradas pelos outros. É nessa equação, na forma como administramos nossa geração energética, o seu teor e potência, que estão as causas, ou a chave, do nosso bem-estar ou do mal-estar.

E, Francisco de Carvalho expõe esses valores com base no esquema que será esclarecido a seguir.

Com relação ao teor, numa escala imaginária do zero aos 100 graus, teríamos, no zero grau, o ódio, emoção de mais baixo teor vibratório; nos 10 graus, os desejos de vingança; nos 20, a inveja, o ciúme; nos 30, o rancor, o azedume, e assim por diante até os neutros nos 50 graus. Nos 70, teríamos a esperança; nos 80, a fé; nos 90, a oração e a alegria e nos 100 o amor, a mais forte energia de teor positivo.

Quanto à potência, poderíamos situá-la numa escala de zero a 20 graus. É claro que essas escalas e seus valores são relativos, mas dá para se ter uma ideia de como acontecem as influenciações psíquicas.

Teríamos, assim, o seguinte: como geradores e receptores de energia psíquica, nosso campo energético fica em contínua mutação de valores, de acordo com o que estamos pensando e o tipo de emoção que estamos gerando. Além disso, também assimilamos essas energias dos ambientes onde estamos, das emissões de Espíritos que nos circundam, daquelas que nos são enviadas pelos que estão naquele momento pensando em nós.

Consideremos que alguém está com o seu campo vibrando em teor positivo e com potência de 10 graus. Algum desafeto lembra-se dele com ódio, inveja ou ciúme, ou seja, em vibração de teor negativo e com uma potência de 8 graus. Ocorre, então, uma batalha energética porque os teores vibratórios estão opostos. Nessa batalha, para se defender, essa pessoa gasta 8 graus de potência energética, ficando apenas com 2 graus.

Mas, suponhamos que a carga recebida tenha uma potência de 15 graus. Neste caso, além de perder seus 10 graus, ele ainda assimila mais 5 de teor negativo, porque a potência da carga recebida era superior à sua em 5 graus. Se essa pessoa está consciente do que lhe acontece, pode reverter a situação gerando energia positiva e com elevada potência.

Analisemos a historinha narrada a seguir.

Fulano está com sua vida mental e emocional vibrando positivamente, quando um Espírito perseguidor aproxima-se, lançando sobre ele a pesada carga do seu ódio. Fulano pode sentir o efeito dessa carga, nas mais variadas formas. Conhecedor que é desse tipo de ocorrência, cuida de se fortalecer. Faz uma prece ou vibra no amor, para elevar ainda mais o próprio teor vibratório e trata de potencializar a própria vontade. Com essa iniciativa, ele consegue recuperar as energias gastas naquela batalha, mas, lembra-se de repente de Sicrano, seu inimigo, que o vem prejudicando. Essa lembrança vem carregada de sentimentos negativos e por isso Fulano muda seu teor vibratório de positivo para negativo. Aí, o Espírito perseguidor, percebendo a situação, trata logo de agir, dirigindo ao perseguido uma carga de energia psíquica negativa. Como Fulano está vibrando negativamente, ao receber a carga de idêntico teor, em vez de ocorrer uma batalha energética, ele a absorve, aumentando a própria carga de energia pesada. Isto se dá porque absorvemos energias similares e rejeitamos as opostas.

Nair era minha vizinha, nos meados dos anos 1970. Seus filhos tinham ganhado um pintinho, daqueles que eram vendidos com um ou dois dias de idade, e com poucos meses se tornara um belíssimo galo, todo branco e com uma grande crista muito vermelha, indicadora de excelente saúde.

O marido de Nair, seu Tobias, tivera grandes prejuízos em sua empresa, a qual acabou perdendo, além de ficar muito endividado. A situação chegou a um ponto tão crítico que precisou empenhar o restante dos bens, como garantia de uma dívida bancária. Dentre esses bens, havia um equipamento de som, importado, muito caro, que ainda não estava pago. Tobias, diante da situação, não encontrou outra solução a não ser ir embora, deixando a esposa a lutar sozinha pela manutenção dos três filhos do casal.

Certo dia, ao chegar em casa para almoçar, Nair recebeu um telefonema do homem que havia vendido o equipamento de som a seu marido, cobrando pagamento. Explicou-lhe a aflitiva situação em que se encontrava, informando que nem mesmo poderia devolver-lhe o equipamento, porque tinha sido nomeada sua "fiel depositária", perante a Justiça. O homem ficou furioso, xingou, disse palavrões, e concluiu, dizendo num tom de voz extremamente raivoso: "Se a senhora tivesse noção do ódio que estou sentindo, cairia morta". Nesse mesmo momento, quando o homem dizia do seu ódio, Nair ouviu o galo cantar no quintal, bem pertinho de onde ela se encontrava.

Depois de refeita, cuidou dos filhos e foi pegar o ônibus para voltar ao trabalho.

Já no meio da tarde, um dos filhos de Nair que se encontrava em casa veio me chamar, dizendo que o galo estava doente.

Fui até lá e observei que estava agonizante e que nada poderia ser feito por ele. Quando Nair chegou em casa, à noitinha, encontrou-o já morto, no mesmo lugar onde tinha escutado seu canto.

Como Nair era uma pessoa batalhadora e de bom coração, toda aquela carga de ódio que lhe foi enviada passou para o animal, numa conexão que ocorreu quando ela ouviu o seu canto.

Esse fato explica, de certa forma, como determinados "trabalhos de terreiro" são realizados, utilizando-se de energias psíquicas dos médiuns, além das atividades dos Espíritos que ali colaboram. E, quando dizem que determinado médium é forte, isto se deve, ao menos em parte, ao seu poder mental, à sua força psíquica.

Há outro aspecto interessante a ser observado nessa questão das energias. A evolução é fato compulsório na vida de todos os seres e, quando alguém, deliberadamente, mantém-se em estado vibratório negativo, acaba batalhando contra si mesmo, contra as forças divinas que, a partir de seu próprio interior, buscam alcançar-lhe os centros da vida consciente. Voltando-se contra essas forças, acaba gerando para si mesmo sofrimento e aflição. Aliás, a grande causa dos sofrimentos na Terra é a insistência das pessoas (e Espíritos) em viverem de acordo com parâmetros relativos a graus inferiores à sua própria idade sideral ou ao seu momento evolutivo. Ninguém deseja abandonar posturas às quais viciou a própria alma. Ninguém deseja trocar atitudes egoístas por fraternas, nem abandonar os vícios que adquiriu. Poucos se sentem capazes e mesmo desejosos de realizarem uma reforma interior. Então, pelos mecanismos da própria evolução, eles caminham para a dor, o sofrimento, a aflição. São os empuxos evolutivos atuando sobre o Espírito.

Mas as batalhas energéticas também acontecem quando enviamos a alguém que esteja com o campo carregado de energia negativa, vibrações de amor e paz, ou fazemos preces em sua intenção.

Esse fenômeno pode ser perfeitamente constatado nos trabalhos espíritas de desobsessão, quando algum Espírito de baixíssimo teor vibratório é envolvido nas vibrações de amor do grupo e do próprio médium que o incorpora. Esses Espíritos geralmente se apresentam aos olhos dos videntes vestidos ou envolvidos em roupagens escuras, de desagradável aspecto. Porém, quando recebem a corrente vibratória positiva do grupo, algo neles começa a se desintegrar e, em maior ou menor espaço de tempo e de trabalho, eles já se apresentam com outras roupagens, e sua aparência se modifica, para melhor, é claro.

Como se vê, é importante termos sempre em mente que o crescimento interior não se refere apenas à aquisição de virtudes, mas também à descoberta e à utilização mais plena de nossos potenciais energéticos, mentais, psíquicos e espirituais. Ora, se somos centelhas divinas em crescimento, temos em nossa intimidade espiritual, em estado latente, as mesmas faculdades do nosso Criador, e agora, com nosso planeta transitando para um grau mais evoluído, precisamos acompanhar essa evolução, se quisermos nele permanecer.

*Na intimidade do Espírito vibra a presença de Deus. Sinta a profunda harmonia, a paz e o amor que emanam dessa presença, e vá ampliando essa vibração até ocupar todo o seu ser.*

*Amplie ainda mais essa maravilhosa vibração de amor e de paz, levando-a para além do seu corpo, formando em torno de você uma poderosa aura protetora.*

# Capítulo 04

## Médiuns e Mediunidade

A mediunidade, nesta época de transição planetária, deve ser tratada com muita atenção, com critério e de forma prioritária.

Com referência ao que dissemos sobre o silêncio no céu, na primeira parte deste trabalho, podemos entender serem os médiuns (expositores e escritores também o são) ainda mais vulneráveis que as demais pessoas, em razão de maior abertura psíquica para a dimensão espiritual. Além disso, os malfeitores do astral ***estão muito interessados*** em ter instrumentos de comunicação com os encarnados, que possam ser manipulados por eles.

Pense, então, caro leitor, no empenho com que os trevosos vêm cercando de forma especial aqueles que se sobressaem no terreno da comunicação. Conhecendo profundamente o psiquismo e as fraquezas humanas, assim como as características, até mesmo as mais ocultas, dos medianeiros, especialmente no que tange à vaidade e também ao interesse de ganhos materiais e/ou de *status*, fica até fácil conseguirem dominar a muitos pelas vias da fascinação.

Portanto, é essencial que o médium se habitue a perceber quando seus pensamentos e sentimentos estão sendo influenciados por algum Espírito e a identificar com segurança se tal influência procede ou não de algum inimigo da luz, ou mesmo de alguém comum, mas que não seja um benfeitor espiritual. Essa identificação precisa ser muito cuidadosa porque os inimigos da luz são bem mais astutos do que podemos supor.

No entanto, é necessário jamais temê-los, por mais poderosos que sejam. Mas, isso não deve ocorrer numa postura de desafio, que seria perigosa, e sim na serenidade de quem confia nos poderes superiores, devendo-se ativar ao mesmo tempo as próprias defesas em contato com o Alto, e desenvolver vibrações de amor, de paz e de luz espiritual.

## Espíritos Clones

Nas últimas décadas, tem-se observado companheiros de grandes potenciais mediúnicos utilizando seus talentos em proveito próprio, enriquecendo sua vida material com os bens que o tempo destrói, em detrimento das tarefas que aceitaram cumprir na Terra, antes de sua reencarnação.

Também se tem ouvido diversos relatos sobre Espíritos-clones, que são vistos junto a alguns médiuns, ou seja, Espíritos malfazejos que conseguem assumir a aparência, o tom de voz e a maneira de falar de um mentor, passando aos poucos a substituí-lo. Um clone desses, conseguindo domínio sobre o médium, geralmente pelas vias da fascinação, e conhecendo bem a mentalidade do mentor e seus ideais superiores, é capaz de se fazer passar por ele, sem que o médium perceba e, aos poucos, vai introduzindo ideias estranhas e orientações indevidas, de forma muito sutil.

Em outros casos, eles conseguem introduzir sua influência e suas ideias na mente do médium e, a partir de então, pode-se perceber como vão passando muito sutilmente, de forma quase imperceptível, a "mudar o tom do discurso", e acabam apresentando absurdidades como sendo realidades da dimensão espiritual. Tais mudanças são tão sutis que muitos dos seus ouvintes e/ou leitores nem percebem e vão se acostumando, achando normais ideias como reencarnação no mundo espiritual, e outras tantas, absolutamente estranhas.

Outros, ainda, vão mergulhando de forma irresponsável na apresentação detalhada dos abismos espirituais, das regiões das Trevas e de seus habitantes, descritos com tal maestria e vigor, que tem o poder de criar ligações sutis entre eles e as mentes de leitores desavisados; são ligações por intermédio das quais os trevosos podem influenciá-los e até mesmo manipulá-los, visando a seus interesses tenebrosos.

É oportuno lembrar que um instrutor espiritual de André Luiz lhe disse que havia regiões trevosas abaixo do Umbral e da crosta terrestre, que deveriam permanecer ignoradas, por causa das imagens excessivamente pesadas, capazes de perturbar o psiquismo de quem delas tomasse conhecimento.

Eu mesma tive uma perigosa experiência quanto a isso. Na parte final de um desses livros, muito bem escrito e muito interessante, as cenas se passam no ambiente dos Dragões que seriam os chefes máximos do comando oculto do mundo, ou seja, os mais poderosos seres das Trevas. O autor descreve um deles com tantos detalhes, com tanta minúcia, não só com relação à sua aparência e movimentação, mas também quanto ao seu psiquismo, poderosamente hipnótico, que envolve o leitor de tal maneira que este se sente como se estivesse lá, naquele ambiente tenebroso e, como disse, poderosamente hipnótico.

Felizmente, percebi a tempo que minha mente vinha se povoando, de forma cada vez mais insistente, com aquelas imagens descritas com tantos detalhes. Notei, com muita clareza, que estava se formando uma espécie de conexão ou de envolvimento entre mim e aqueles seres e tive até bastante dificuldade para conseguir desligar minha mente deles, mas consegui.

Após esse episódio, conversei com muitas pessoas que haviam lido aquele livro e, mesmo com certa relutância, a maioria delas acabou confessando que havia passado pelo mesmo problema.

Entendo ser importante, para nossa própria defesa, podermos tomar conhecimento, de forma superficial, de algumas coisas que ocorrem nas regiões inferiores e do potencial dos seus habitantes quanto aos seus conhecimentos científicos, tecnológicos e suas práticas nefastas, mas isto deve ser feito com muito cuidado e parcimônia para não criar conexões mentais entre o leitor e os seres daquelas zonas tenebrosas.

Precisamos ter em mente que eles são inteligentíssimos e possuem mentes poderosas, têm conhecimentos científicos muito avançados e se utilizam de tecnologia de ponta para conseguir o que querem, ou seja, dominar a Terra. Pode-se dizer também, sem medo de errar, que eles vêm conseguindo grandes avanços em suas intenções, embora saibamos que, no leme do barco terrestre, estão as mãos luminosas de Jesus, e nesse Guia podemos confiar.

Mas, não basta confiar em Jesus. Cada um é responsável por si mesmo, e é preciso que faça a sua parte. Quanto ao médium, a sua responsabilidade é ainda maior, principalmente no que diz respeito à sua tarefa, para que jamais passe a ser influenciada ou manipulada pelos inimigos da luz.

O médium jamais deve pensar que é infalível e precisa estar sempre muito atento, analisando com muito critério o que lhe chega por meio da mediunidade. Além disso, é importante ouvir companheiros da equipe mediúnica e fazer sondagens para certificar-se de que seu mentor não está sendo clonado. Para essas sondagens, é preciso que seja absolutamente sincero consigo mesmo, que se liberte de quaisquer pruridos de vaidade e consiga elevar de forma considerável a própria frequência vibratória, a fim de poder sintonizar com esferas mais elevadas, para pedir orientação e ajuda.

E, quanto ao médium assistir a filmes de ação ou de terror, jogar *vídeo games* violentos, etc.? É importante observar que as imagens que vemos e toda a carga emocional que elas provocam alojam-se em nosso inconsciente. Quanto mais fortes são essas imagens e cargas emocionais, por maior tempo permanecem em nosso interior, gerando influências e predisposições que nem sempre percebemos. É fácil entender, então, que tais condições também irão interferir no trato com a mediunidade, tornando mais difícil a conexão com faixas espirituais mais elevadas.

Também é essencial desenvolver humildade e estar sempre aberto às críticas, sejam quais forem, procurando analisá-las com a mente e o coração abertos, a ver se são ou não consistentes e, se o forem, deve-se procurar imediatamente e com humildade, corrigir-se.

No capítulo da vaidade, esse é um mal que vai chegando de mansinho e abrindo espaço, sem percebermos. Ele chega principalmente nos elogios que recebemos e que aceitamos, quando esquecemos que somos apenas a parte visível de uma equipe e de um compromisso de trabalho, porque, se pensarmos bem, acabamos concluindo que os louvores não cabem a nós.

Mas não é bom mergulhar numa postura de humildade excessiva, porque esta, muitas vezes, é falsa, pois mascara nossa verdade interior. Basta entender que somente participamos de um trabalho como outro qualquer, da mesma forma como milhares de companheiros que escolheram atividades menos expostas. Sendo assim, não nos cabe aceitar elogios, porque ***são indevidos*** e muito menos qualquer tipo de vantagem. Temos o direito, sim, de ficar felizes com o sucesso de atividades das quais participamos na condição de médiuns, mas jamais devemos esquecer que somos apenas parte ínfima do trabalho e que, na maioria dos casos, esta é uma forma amena de resgatar pesados débitos para com a vida. Assim, qualquer mérito não nos pertence e, ao final, continuamos sendo devedores da compaixão divina, que nos deu essa possibilidade de nos recuperar ante a Lei e ganhar alguns pontos em nossa evolução espiritual.

## A Rede

As religiões cristãs solicitam de seus fiéis a obediência a seus preceitos, como a frequência à igreja, o cumprimento dos sacramentos, o pagamento do dízimo ou de outras obrigações monetárias, etc.

Já o espiritismo, em plena ressonância com os ensinamentos de Jesus, solicita de seus seguidores a reforma íntima, que é muito mais difícil. Lembremos Sua recomendação para entrarmos pela porta estreita, afirmando que "larga é a porta que leva à perdição". Mas, pode-se perceber que é muito mais do agrado da maioria continuar como antes. Também é muito mais fácil e mais atrativo ficar estudando ou discutindo detalhes doutrinários, ou ativar-se na prática do bem, do que reformar o próprio interior, porque, para essa reforma, é necessário primeiro mergulhar fundo em si mesmo, arrancar as tantas máscaras criadas ao longo dos milênios, visualizar a própria realidade mais íntima, observar e anotar o que é preciso mudar, e começar o grande e difícil trabalho dessa reforma.

Certa vez, participei de um encontro de dois dias com mais de cem Espíritas das mais diversas partes do país. Esse encontro havia sido organizado por companheiros que atuavam na área mediúnica, atendendo a casos de obsessões complexas e lidando com Espíritos de organizações trevosas, profundos conhecedores, não só da alma humana, mas também detentores de tecnologia avançada no terreno do assédio, do domínio e da obsessão. Sabia-se que tais organizações se utilizavam largamente dessas tecnologias, inclusive para cooptar médiuns, daqueles mais atuantes, para servirem de instrumentos de comunicação com os encarnados, que pudessem ser manipulados por eles.

A finalidade do encontro era congregar companheiros espíritas, médiuns e grupos mediúnicos, visando principalmente a uma união que pudesse fortalecer a todos diante dos embates dos inimigos da luz, cada vez mais atuantes, embora sutis.

O encontro foi maravilhoso. Havia um grande mapa do Brasil, no qual se encontrava afixada a ponta de uma linha sobre a cidade que abrigava o evento. A coordenadora convidou os participantes, um a um, a levarem a linha para onde se encontrava a sua cidade no mapa, afixando-a ali. Assim, com aquela linha se cruzando e recruzando sobre o mapa, uma grande rede ia sendo tecida. Todos entenderam que aquela rede significava um intercâmbio a congregar pessoas com os mesmos objetivos, as quais, juntas, poderiam auxiliar-se mutuamente, desenvolver roteiros e atividades, movimentar e ampliar esforços visando à evolução espiritual de todos e ao fortalecimento dos grupos mediúnicos.

À certa altura da reunião, alguns médiuns videntes observaram que o mapa, acima descrito, se lhes apresentava numa posição horizontal, sendo que os locais de procedência dos presentes apareciam como pequenos pontos luminosos. Mas do lado de baixo surgia uma espécie de aranha que colocava suas patas nos mesmos pontos luminosos, no avesso do mapa. Estava naquele momento sendo criada uma "antirrede", com a clara intenção de enfraquecer, desvirtuar e solapar as suas finalidades.

O grupo, que chamaremos de Rede, passou então a se comunicar pela Internet, e foi marcado novo encontro, desta vez em outra parte do país, para dar continuidade à sua existência e definir diretrizes. Foi um encontro muito fraterno, muito agradável, desses que nos aquecem o coração. Houve também uma atividade mediúnica, na qual vieram alguns inimigos da luz, que ali estavam com a finalidade de conturbar e desvirtuar os trabalhos, e Espíritos benfeitores que se manifestaram para dar seu apoio. Porém, muitos dos companheiros retornaram do evento com uma triste sensação de frustração, pois os assuntos se haviam concentrado em temas como formalizar ou não o grupo, criar um *site*, etc., em detrimento do mais importante: pensar meios, organizar roteiros ou diretrizes, visando aos fins para os quais o mesmo fora criado.

Também o tom das conversas que circulavam no grupo criado na Internet versava mais sobre assuntos triviais, sociais, meramente materiais, do que sobre o aprimoramento dos grupos mediúnicos ou a questão da evolução espiritual.

Um dos encontros anuais da Rede, que ocorreu num hotel nas proximidades de São Paulo, reunindo umas 120 pessoas, e que deveria priorizar as questões norteadoras do pensamento dos seus iniciadores, também acabou se desvirtuando. Muitos compareceram mais interessados no passeio e no reencontro com os demais, do que mesmo num trabalho sério, visando à evolução espiritual e a um novo e melhor direcionamento às atividades dos grupos mediúnicos que dela participavam.

Um dos presentes, médium de excelentes faculdades e muito respeitado por todos, que chamaremos de A, havia se afastado de seu grupo mediúnico há mais de um ano, grupo esse, em cujo seio e sob cuja proteção realizara as psicografias dos livros que tinham sido publicados e cuja renda sustentava as inúmeras atividades benfeitoras do Centro do qual também se afastara.

Quando os presentes já estavam começando a se motivar para a necessidade de um grande esforço visando às tão importantes transformações interiores, com foco principalmente no convívio entre os membros dos grupos mediúnicos, no apoio e na ajuda mútua, na vigilância constante, na construção de confiança e no companheirismo entre todos, a fim de evitar a ação dos inimigos da luz; quando já haviam internalizado a necessidade de desenvolver ações práticas visando aos fins propostos pela Rede, A apresentou-se para ler uma mensagem assinada por um Espírito muito querido e respeitado por todos – a quem chamaremos de Y. Essa mensagem, todavia, ele havia "psicografado em casa", antes de viajar para o encontro.

Ocorre que, no teor da mensagem, podia-se perceber nitidamente o envolvimento da Antirrede, desvirtuando as finalidades do evento. Isto podia ser claramente observado ao se comparar o pensamento de Y, em mensagens psicografadas por A, quando ainda se encontrava sob a tutela do grupo mediúnico que lhe dava suporte, com aquela que foi psicografada por ele, "em casa" e dirigida à Rede.

Vejamos.

Diz o Espírito em referência, no prefácio de um dos livros psicografados ainda sob a tutela do grupo mediúnico:

> *"Um clamor ao serviço abnegado e consciente na regeneração da humanidade em ambas as esferas de vida, formação de frentes corajosas de amor, tarefas maiores de libertação e asseio psíquico da Terra. Eis os desafios delegados pelo Cristo a todos que O amam. Desafios que, em muitas oportunidades, são substituídos pela atitude impensada da acomodação..."*

Já na mensagem psicografada em casa, pelo mesmo Espírito, ou seu "clone", a linguagem indica justamente o contrário, ou seja, acomodação, quando diz:

> *"A Lei Natural rege, até mesmo, nossa capacidade de evoluir, de descobrir, de saber. Há tempo para tudo e nada há de ficar encoberto. Tudo, porém, no ritmo de Deus. (...) A humanidade cansada e oprimida necessita mais de esperança que de técnica. E mesmo nós, que já temos sido úteis de alguma forma na edificação do período da atitude, carecemos de alívio, refazimento."*

Ora, se a Rede foi idealizada justamente para "criar frentes corajosas de amor", conforme orientação anterior de Y, e desenvolver roteiros e ações visando fortalecer os grupos mediúnicos contra o poderio das trevas, dizer que até eles, os Espíritos, estavam carecendo de alívio e refazimento e que tudo deveria ocorrer no "ritmo de Deus", mostra uma aberrante contradição que quase ninguém percebeu.

Mas os presentes, quase todos, aplaudiram entusiasmados e aliviados, pois, com essa orientação, psicografada por um médium conceituado e assinado com o nome de um Espírito muito respeitado e amado por todos, já não seria necessário continuar a organizar metas evolutivas nem estabelecer programas de ações e atitudes que pudessem alavancar a reforma interior dos presentes. Sempre é muito mais do agrado continuar como se está, do que iniciar um programa de reforma interior que demanda ação constante e renúncia a alguns prazeres aos quais o ser humano se habituou ao longo dos milênios, tais como a crítica, o orgulho, a vaidade, o desamor, a discriminação e tantas outras que nos têm sido tão prazerosas.

Como acontece com frequência, bastou uma mensagem "assinada" com o nome de um ***Espírito respeitável*** e psicografada por um ***médium conceituado***, para que os presentes (quase todos) abrissem completamente a guarda e mudassem o rumo que havia sido programado visando sua evolução.

É assim que ideias equivocadas vão passando despercebidas, por não termos coragem e, por vezes, nem interesse em analisá-las e refletir sobre a sua lógica e autenticidade.

É assim que os inimigos da luz têm conseguido disseminar nos meios espíritas um discurso apático no que diz respeito à evolução espiritual, um discurso que tem destacado a caridade e os estudos doutrinários como meta primordial, quando esta meta ***deveria ser a evolução espiritual,*** que vai abrangendo todas as necessidades evolutivas do ser, incluindo a caridade, como consequência da luz que vai clareando a alma.

## Causas

Mas, é necessário observar que inúmeros grupos mediúnicos, principalmente aqueles que mergulham mais fundo no atendimento a obsessões complexas, sofrem fortes ataques das Trevas, por vezes, de forma tão sutil, que poucos percebem. É quando alguns dos mais atuantes companheiros se afastam pelas mais diversas razões; outros se põem a criticar, a censurar, desarmonizando a equipe e criando clima propício para as atividades dos inimigos da luz. Em muitos casos, os Espíritos trevosos conseguem exacerbar a sexualidade de alguns membros do grupo, ou então levar outros a acreditar que a sua alma irmã é uma companheira ou companheiro da equipe e não o seu cônjuge, criando situações insustentáveis. As formas como eles conseguem alcançar seus intentos são as mais variadas, mas demonstram que são seres muito inteligentes, profundos conhecedores do psiquismo humano e dos recursos que possuem, sabendo utilizá-los com maestria.

Não cabe, porém, qualquer crítica, muito menos julgamento, a atuações equivocadas deste ou daquele, ou mesmo de grupos.

Devemos, sim, refletir a respeito das fortes pressões espirituais que tais companheiros têm sofrido, das muitas manipulações e domínio mental e emocional exercido pelos trevosos sobre eles, além de pensar nas lutas que terão travado com a própria consciência, até que esta acabasse sendo obnubilada por forças externas e internas.

Como criticar, então? Como julgar?

André Luiz, num dos livros psicografados por Chico Xavier, falando sobre uma médium que fazia receituário mediúnico, disse ter observado que havia um minúsculo aparelho no alto da cabeça dela. Perguntando ao benfeitor espiritual o que aquilo significava, este respondeu dizendo que aquele aparelho era em matéria astral e servia para canalizar o pensamento do mentor, facilitando a recepção da mensagem psicográfica.

Acontece que, ao lermos essa passagem ou nos lembrarmos dela, não nos ocorre que, entre os Espíritos inimigos da luz, há cientistas, técnicos e pesquisadores desencarnados e que é muito natural que eles se empenhem, com todas as suas possibilidades e vigor, para também criar aparelhos destinados a atender às suas maléficas intenções.

A apometria, negada e criticada em alguns meios espíritas, informa sobre aparelhos parasitas que são detectados por médiuns treinados para tais fins. Esses aparelhos são implantados no corpo espiritual de pessoas que são vítimas de obsessões complexas, e podemos imaginar os resultados de tais meios.

Aparelhos parasitas também são cada vez mais utilizados pelas organizações trevosas no assédio a pessoas detentoras de qualquer tipo de poder, visando manipular decisões e ações que possam favorecer suas tenebrosas intenções, e os resultados estão visíveis aos olhos de todos. Da mesma forma, isto pode estar acontecendo também com médiuns que se prestam a servi-las, mesmo sem saber, e é importante observar que há pessoas muito mais vulneráveis ao assédio dos inimigos da luz, por causa de ressonâncias do passado, quando, em algum momento e de alguma forma, tiveram ligações com eles.

Será, então, que temos noção clara sobre as fragilidades humanas, e sobre os recursos utilizados pelos inimigos da luz para alcançarem seus objetivos?

Diante do exposto, surge uma questão delicada. Como podemos nos situar ante a possibilidade da ocorrência de mensagens espirituais de procedência duvidosa, não autênticas? Algumas pessoas podem se sentir inseguras ao saber que médiuns conceituados também podem psicografar livros ou transmitir mensagens não autênticas, ou eivadas de animismo.

De início, sempre se deve passar tudo pelo crivo da razão e do bom senso, à luz do conhecimento espírita e, quando possível, procurar saber se algo na conduta do médium pode estar indicando influências espirituais negativas.

Também é importante manter, com relação aos médiuns, uma postura equilibrada, de não idolatria, ou seja, nunca se deve "assinar embaixo" de tudo que possam dizer ou produzir, sem passar pelo já citado crivo.

O equilíbrio sempre é importante, pois representa um alicerce firme para quaisquer construções do psiquismo humano. Quando Kardec e a esposa, Amélie Boudet, se dirigiam a uma das primeiras sessões espíritas das quais participaram, Amélie disse-lhe que estava muito emocionada, ao que Kardec respondeu dizendo que qualquer trabalho de pesquisa, de observação, jamais deve se acompanhar pela emoção, mas sempre pelo equilíbrio e bom senso.

Em qualquer caso, importa ater-nos também ao "Espírito da letra", embora observando tudo por intermédio do crivo citado.

Mas, é necessário destacar que, apesar de tudo, de todos os esforços e artimanhas dos inimigos da luz e de todas as fragilidades humanas também presentes nos médiuns, a mediunidade continua sendo um canal de luz entre a Terra e o Céu, visto que milhares e milhares de medianeiros permanecem firmes e fiéis a seus mandatos. Felizmente, os que se deixam deslumbrar pelo "brilho do latão", pela vaidade e pelas inúmeras tentações que os assediam, representam a minoria... Graças a Deus!

## Mensagem do Espírito Klaus

Com autorização do médium, transcrevemos a seguir uma mensagem do Espírito Klaus, inserida no livro *Conversa Franca*, psicografada por Agnaldo Paviani.

"Neste momento delicado que atravessa o orbe terrestre, a união é necessária e urgente. Os grupos espíritas ou espiritualistas devem estabelecer parcerias no campo da mediunidade.

Peço licença, para fazer um apelo aos senhores dirigentes líderes espíritas, TOMEM A INICIATIVA, sintam-se inspirados pelas minhas palavras. Levantem-se, peguem o telefone e liguem para outros dirigentes espíritas que comungam das mesmas ideias e proponham a parceria.

Um grupo deve auxiliar outros grupos que estão passando por dificuldades.

É comum ouvirmos de militantes espíritas o seguinte comentário: "o grupo X está em perturbação. O grupo Y está sofrendo um terrível ataque das inteligências do mal".

Só isso!?

Vão se limitar a fazer o comentário e tudo fica do jeito que está?

Não, caros companheiros! O momento é grave, procurem "se mexer". Liguem para este grupo, ofereçam auxílio. Se desloquem até a Casa Espírita que necessita de ajuda, e AJUDEM.

Aprendam a desenvolver a ideia de "CASAS IRMÃS". Dessa forma, poderão neutralizar a ação dos Espíritos que representam a maldade.

Agnaldo Paviani diz a dr. Klaus!:

— Acho que isso não tem acontecido, porque cada grupo tem seus problemas, suas lutas, sem falar do tempo que é muito escasso.

Resposta: Seu comentário é verdadeiro, porém essa postura é egoísta e irresponsável. Egoísta, porque se cada qual pensar apenas nos seus problemas, como exercitar a caridade?

E é uma postura irresponsável, porque, dessa forma, não conseguirão enfrentar com sucesso, os Espíritos que desejam aniquilar as Instituições que propagam a mensagem do Cristo.

Não pensem que os Espíritos que representam a maldade estão agindo de maneira solitária. Estão unidos para enfrentarem os representantes do Cristo.

Portanto, repito: UNAM-SE, pois é a única maneira de vencerem.

Socorram os grupos que estão sofrendo o assédio de Espíritos perturbadores, estendam as mãos aos médiuns que estão se perdendo no fanatismo e na vaidade. SEJAM, DE VERDADE, IRMÃOS UNS DOS OUTROS.

Amadureçam espiritualmente e deixem de lado as competições ridículas, onde um quer ser melhor que o outro, um quer realizar um evento mais bonito que o outro. Isso é vaidade, pura vaidade!

Nesse momento, recomendo: UNIÃO, AFETIVIDADE E PERSEVERANÇA. Se não agirem dessa forma, não suportarão a pressão espiritual."

## MENTALIZAÇÃO PARA GRUPOS MEDIÚNICOS QUE LIDAM COM FALANGES DO MAL

Há grande diferença entre um grupo mediúnico que atende a Espíritos sofredores e a casos comuns de obsessão, e outro que, além da desobsessão comum, lida também com obsessões complexas e com entidades ligadas às organizações trevosas.

A mentalização a seguir, *Rochedo da Fé*, deve ser avaliada pelo dirigente do grupo mediúnico, para definir se está sendo necessária, e se o grupo tem condições e preparo para esse "frente a frente" com Espíritos malfeitores, e sobre quais seriam os momentos mais oportunos para realizá-la.

Uma mentalização como essa torna-se mais produtiva,quando feita com fundo musical e espaçamentos adequados nas falas. Por isso, tivemos o cuidado de gravá-la em áudio e disponibilizar na Internet: "*Rochedo da fé*".

## Rochedo da Fé - Mentalização

"Respiremos fundo algumas vezes para relaxar...

Pensemos no Criador de todas as coisas, Senhor da vida e do universo, e peçamos a Ele para nos envolver em seu amor, na sua luz, na sua proteção...

Vamos mentalizar, agora, que estamos todos juntos numa pequena ilhota, no meio de um pântano.

Essa ilhota é um rochedo sólido e firme, que se alonga alguns metros acima da superfície, e todos nós estamos sentados sobre ele.

Esse rochedo representa a nossa fé, o nosso amor, fortalecido pelo amor de Jesus, cuja figura visualizamos mais à frente e mais para o alto.

O Mestre nos sorri e sentimos uma confiança infinita, total.

Ele nos convida a olharmos em torno, e percebemos que o nosso rochedo se encontra à beira de um pântano do mal, de cujas entranhas surgem centenas de Espíritos odientos, revoltados, cuja meta é perseguir e destruir todo o bem que possa ser feito na Terra.

Eles gritam, xingam e vociferam contra nós, mas não conseguem nos alcançar, porque estão contidos ali, naqueles charcos.

Vamos, agora, olhar para Jesus. Ele estende as mãos em nossa direção, e sentimos a poderosa energia purificadora que delas emana.

Recebamos essa energia luminosa, que vai tomando conta das nossas mentes, dos nossos corpos, em maravilhosa vibração de amor.

Sintamos toda a grandeza deste momento, quando vibramos, coração a coração, com nosso Mestre Jesus.

Vamos, agora, canalizar essa sublime energia para o pântano, para esses irmãos desviados do bem.

Sintamos o divino amor de Jesus a se irradiar através de nós e envolver todos esses Espíritos que se encontram no pântano.

Pouco a pouco, eles vão silenciando...

Jesus continua com as mãos estendidas, irradiando energia luminosa sobre nós e sobre o pântano. Ali, os Espíritos calam-se por completo. Tudo está silencioso, agora.

Começamos a ouvir, quase em surdina, a música *Quanta Luz*:

"Quanta luz... pois em oração, a voz do Mestre fala ao nosso coração... Quanta luz descendo sobre nós... quanta luz... quanta luz."

Dirigimos agora nosso pensamento aos Espíritos malfeitores que se encontram no pântano e vamos dizer-lhes o seguinte:

O tempo de vocês está chegando ao fim, aqui na Terra. Em breve, serão expulsos para algum mundo primitivo e lá seus sofrimentos serão muito grandes. Vocês não terão nem mesmo a quem atormentar, a não ser a si próprios.

Que querem vocês ainda nesses pântanos do mal, fazendo outros sofrerem e sofrendo vocês também?

As suas vidas não têm perspectivas... No caminho em que estão não há luz no final do túnel, não há esperança, não há felicidade.

Vocês até já se esqueceram do infinito júbilo que nos dá o amor, da grandiosa certeza de caminhos luminosos à nossa frente, proporcionada pela fé...

Já se esqueceram como é divino o milagre do amor em nossos corações... Como levanta o ânimo, nos fortalece, nos torna plenos, nos dá uma felicidade sobre-humana

Procurem sentir a paz que está em nós, neste momento.

Procurem sentir o amor que vibra nos nossos sentimentos.

Procurem sentir como isso é bom, como faz bem.

Vocês, agora, estão tendo a oportunidade de tomar um novo rumo em suas vidas. Talvez esta seja a última oportunidade que terão neste planeta.

Todos que quiserem passar para o lado da luz serão resgatados agora pelos mensageiros de Jesus. A única coisa que precisam fazer é querer... Basta querer.

Abram seus corações para o Mestre Jesus, porque Ele é a luz do nosso mundo. Deixem Seu amor invadir as suas almas para que os mensageiros possam resgatá-los.

Vamos todos agora mentalizar a seguinte imagem:

Os mensageiros entram no pântano, carregando braçadas de flores.

Jesus, pouco acima, com as mãos estendidas e um profundo amor no olhar...

Luzes descem do Alto, iluminando todo o ambiente.

Os mensageiros atiram flores no pântano, e elas se transformam em redes luminosas às quais se agarram todos aqueles que aceitaram o convite, e que são retirados, e devidamente encaminhados para outras dimensões espirituais.

Os mensageiros atiram mais flores no pântano, que começa a secar. As flores fincam raízes no chão e começam a formar pequenas ilhas floridas.

Os Espíritos empedernidos, que não quiseram mudar seus rumos, são reconduzidos para os locais de onde procedem.

Logo, o imenso pântano se transforma num maravilhoso jardim, com canteiros de flores a embelezarem e perfumarem o ambiente.

Os mensageiros se aproximam e dão a cada um de nós uma belíssima flor de luz.

Colocamos essa flor luminosa sobre o peito, e ela vai penetrando em nosso interior, numa vibração de profunda harmonia, e sentimos então um amor infinito vibrando em nossos sentimentos, em nossas emoções.

Esse amor que está vibrando em nossos corações vai tomando conta de todo o nosso psiquismo, da nossa alma, do nosso ser... Por inteiro.

Sintamo-nos firmemente assentados sobre o rochedo da fé e do amor.

Sintamos, com toda a nossa alma, a presença de Jesus a nos olhar com muito amor, a nos sorrir, inundando nossos corações com infinito júbilo.

Olhamos em torno, observando a beleza desse jardim, todo cercado e protegido pelos mensageiros do Mestre.

Esse é o nosso jardim, o nosso refúgio. Ele agora está plasmado no plano espiritual, e sempre que nos sentirmos envolvidos por energias negativas ou acossados por perseguidores espirituais, retornemos a este maravilhoso ambiente, e sintamos esta mesma paz, a mesma proteção, o mesmo amor e júbilo de agora.

Agradeçamos a Jesus por tudo isso, e renovemos a Ele a nossa promessa de trabalhar com afinco, sem descanso, em Sua seara, com fé, confiança e alegria.

Nós Te agradecemos, Mestre dos mestres, de todo o coração."

*Pare por um minuto o que estiver fazendo agora.*
*Respire fundo algumas vezes para harmonizar os ritmos internos e relaxar.*
*Conecte-se às Forças Cósmicas do AMOR e, durante um minuto, peça para envolverem a Terra, vibrando amorosidade em todos os corações.*
*Sempre que dispuser de um minuto... ou de trinta segundos... ou de apenas dez segundos, repita esse procedimento, esteja onde estiver. É bom para a Terra... É excelente para você.*

# Capítulo 05

## Síndrome do Esfriamento da Fé

Nos últimos anos, vários companheiros espíritas, alguns desenvolvendo atividades bastante abrangentes na seara, me têm confidenciado sua tristeza por observar em si mesmos um esfriamento da fé. As suas convicções sobre a reencarnação, lei de ação e reação, comunicabilidade dos Espíritos, mundos habitados, etc. ainda continuam, mas a fé está bastante fragilizada, tornando-os apáticos e desmotivados.

Para eles, esse fato é muito perturbador, pois, como falar com convicção sobre algo que não está plenamente inserido no coração?

Em Mateus, cap. 24, vers. 12, Jesus disse: "E, por se multiplicar a iniquidade, o amor de muitos esfriará", e sabemos que, ***esfriando o amor, a fé se fragiliza.***

E por que a iniquidade faz esfriar o amor?

No Dicionário Aurélio, "íníquo" significa perverso, malévolo; extremamente injusto. Ora, é fácil observar que a iniquidade tem se multiplicado nas últimas décadas na Terra. Nunca se viram antes tantas demonstrações de perversidade, de pura maldade quanto as que vemos diariamente nos noticiários, e o próprio trato interpessoal tornou-se mais frio, mais agressivo, além de a vida humana ter perdido seu valor.

É natural, nesse contexto, que o ser humano, fortemente influenciado por esses campos de energia negativa que envolvem os ambientes terrenos, vá perdendo ou tornando mais difícil sua conexão com as faixas superiores, visto que, para a vibração ou a prece poderem atravessar essas faixas de energia pesada, é necessário elevar ainda mais a própria frequência vibratória.

Vemos então que, sendo o contato constante com as faixas espirituais superiores o alimento que nutre a fé, quando esse contato ou a sua qualidade decresce, a fé esfria, fragiliza-se.

## Casa Dividida

Com relação ao movimento espírita, poderíamos dizer que, além da influência pesada que envolve os ambientes humanos, um dos fatores que, certamente, vem fragilizando a fé é o fato de a "nossa casa estar bastante dividida".

Vejamos o que aconteceu com Artur.

Ele caminhava lentamente, observando a paisagem. Até onde a vista alcançava era tudo igual, com um campo interminável coberto de vegetação rasteira e algumas árvores aqui e ali. Sentindo-se cansado, deitou-se na relva macia, tentando em vão lembrar-se do que acontecera e, principalmente, da razão pela qual ali se encontrava. Teria desencarnado? Tudo indicava que sim.

Preocupado com essa possibilidade e sem outra coisa a fazer, começou a refletir. Concluiu que sua passagem pela Terra fora coroada de êxito, já que labutara desde a mocidade nas lides espíritas, realizando tarefas desde as mais humildes até as mais proeminentes. Como sabia se expressar bem, tanto por meio da palavra falada quanto da escrita, encontrara inúmeras oportunidades para defender vigorosamente a pureza da Doutrina que professava. Sempre fora favorável a que os grupos ou indivíduos mais versados na Doutrina observassem o movimento espírita, procurando identificar as distorções e os desvios, a fim de que se buscasse corrigi-los. Havia os ramatisistas, os roustainguistas, os ubaldianos, os chiquistas... Eram assustadoramente muitas as tendências que, a seu ver, distorciam o pensamento da codificação e/ou usavam de práticas não puras e exatamente espíritas, e para sua tranquilidade de consciência, estava convicto de que fizera tudo quanto podia para demonstrar que não representavam o pensamento kardequiano e, portanto, não deveriam usar a denominação “Espíritas”.

Com o passar dos anos, fora observando, com satisfação, que as suas teses estavam ganhando espaço e que já se podia perceber certo distanciamento entre os “verdadeiros kardecistas” e as demais tendências. Os “outros” já não eram mais convidados a participar dos eventos e começavam a ser vistos como sendo prejudiciais à causa, por desenvolver práticas e repassar ensinamentos que não representavam fielmente o pensamento da codificação.

Sentiu-se satisfeito com essas lembranças, mas não plenamente. Algo parecia destoar das suas convicções, quando pensava na situação atual do movimento espírita.

Aos poucos, uma espécie de inquietação ia tomando conta do seu ser. Levantou-se, caminhou por algumas horas procurando não pensar, até que, cansado, deitou-se novamente na relva fresca, mas uma frase lhe vinha à memória com desagradável insistência: "Uma casa dividida não se mantém em pé".

O que significava aquilo? Que queriam dizer aquelas palavras de Jesus, que ecoavam em seu interior com tanta insistência? O que era essa casa dividida?

Repentinamente, compreendeu tudo. A casa dividida era o movimento espírita.

Bastante preocupado, não pôde evitar que uma indagação lhe subisse do coração à mente: "Até que ponto é válido "brigar" pela pureza doutrinária, em prejuízo da união entre os espíritas?"

Meditou durante algum tempo sobre essa questão, procurando fazê-lo com absoluta isenção de ânimo e... Sentiu-se incomodado consigo mesmo, continuando aquele estranho autoquestionamento: "Se colocássemos num dos pratos da balança a questão da pureza doutrinária e no outro a integração e a fraternidade, que deveriam ser os alicerces do nosso movimento, para qual lado penderia?"

A essa altura, Artur já não tinha mais as suas certezas. O coração ficava cada vez mais apertado, enquanto as dúvidas lhe entravam mente adentro com a força de uma avalanche e em seu espírito outra pergunta surgia, envolta em angustiosos véus: "Será que a minha luta em favor da pureza doutrinária foi um mal que acabei fazendo ao próprio movimento?"

Angustiado, pensou nos apóstolos que também tiveram grandes divergências, pois, enquanto uns afirmavam que a salvação se dava pela graça, outros diziam que ocorria pela fé e outros ainda, pelas obras, e perguntou-se: "Se os apóstolos tivessem se dedicado a discutir questões doutrinárias tão importantes quanto essa, será que teriam conseguido difundir a Boa Nova, como o fizeram?

Artur sentia a cabeça quase a ponto de explodir pelo conflito dessas ideias. Resolveu relaxar, não pensar, fazer silêncio mental... Mas, após alguns instantes, como se alguma mente mais poderosa que a sua dominasse seu pensamento, os questionamentos voltaram: "Qual é o mal ou o perigo verdadeiro (e será que é nas proporções apresentadas) que há no fato de alguns entenderem que Maria era virgem antes do nascimento de Jesus, ou que o corpo do Mestre era fluídico e não de carne e osso? Será que isso vai tornar melhores ou piores as pessoas que assim acreditam? Num mundo tão atrasado quanto o nosso, com pessoas de todos os níveis evolutivos e de mentalidades as mais variadas, impor a pureza de uma doutrina não significa elitizá-la, fragmentá-la, enfraquecê-la? Além disso, tentar isolar uma facção do movimento espírita, como sendo a dos verdadeiros kardecistas demandaria numa interminável batalha de discussões, querelas, críticas, debates, marginalizações, e acabaria sem definições definitivas, mas certamente com pesadas perdas. Também é preciso observar que alguns conceitos e práticas podem mudar com a chegada de novos conhecimentos".

— Meu Deus! – exclamou, em grande aflição. — Que será mais importante? A pureza doutrinária ou o convívio fraterno e solidário, com respeito pleno às interpretações dos companheiros?

— Uma casa dividida não se mantém em pé – disse em voz alta, percebendo, com grande alívio, que estava acordando em sua cama, em sua casa, na Terra.

## SENSAÇÃO DE FIM

Outra causa para o esfriamento da fé, certamente está nas tantas aflições que castigam o ser humano destas décadas; na violência e na ganância que tomam conta do planeta; na multiplicação de novas interpretações das profecias que circulam na mídia em tons catastróficos, levando muitos a acreditarem que o fim do mundo está se aproximando, e essa "sensação de fim" pode ser observada, principalmente em grande parcela dos jovens. Não vendo luz no final de seus túneis, não encontrando perspectivas para o futuro, mergulham de cabeça em curtições as mais loucas. Outros caem em depressão, esse mal que vem crescendo assustadoramente, levando até mesmo crianças a praticarem suicídio.

Essa sensação de fim, pairando nos ambientes da Terra, influencia muitas pessoas de forma negativa.

Já, outras, argumentam dizendo que, se vier a acontecer um movimento tão abrangente que realize o milagre de reverter a situação climática do planeta, se se desenvolver uma política mundial justa de assistência e amparo aos mais fracos, que possa oferecer condições dignas a todos, para que todos possam usufruir dos bens que a vida e a Terra proporcionam, se esse milagre vier a acontecer, logo começarão a aparecer os gananciosos que acabarão se locupletando pelas mais diversas formas, as quais já conhecem tão bem; surgirão os vaidosos, os orgulhosos e os dominadores que assumirão postos de poder, e aos poucos tudo voltará a ser como agora.

De fato, analisando-se a situação friamente, sem o suporte de uma fé forte, concluir-se-á que a ganância, o egoísmo e o orgulho do ser humano são tais que jamais permitirão mudanças no sistema, que possam tornar a Terra um mundo justo, fraterno e bom para todos. Então, sem uma janela para a esperança, é fácil acabar caindo na apatia, convergindo para a depressão.

Vemos assim a ***formidável importância da fé religiosa***, seja ela cega ou raciocinada.

Felizmente, os Espíritos têm trazido desde a codificação do espiritismo explicações a respeito do exílio planetário, informando que os Espíritos encarnados e desencarnados que permaneceram endurecidos no mal, que não aceitaram melhorar-se a ponto de poder continuar aqui, ajudando na construção de um mundo melhor, serão exilados para algum mundo inferior. Paralelamente, está havendo reencarnação em massa de Espíritos mais evoluídos, e tudo isso vai permitir a reconstrução da Terra, em moldes justos e fraternos.

Essas informações representam uma porta de esperança e confiança no futuro, que devemos fortalecer mais e mais, para não cairmos nas malhas da descrença, no esfriamento da fé.

É importante observar o quanto vêm crescendo os movimentos que visam melhorar o mundo, embora representem pálidas tentativas contra o poderio dos fortes. Mas, esses movimentos são prenúncios de um futuro digno de ser vivido; são as agitações do gigante em gestação, que só deverá realmente nascer depois que cair o poderio dos que iriam engoli-lo recém-nato, ou não permitiriam seu crescimento.

Assim, podemos acreditar que estamos em pleno apocalipse, ou seja, em plena transição para o mundo de regeneração. Não é, pois, o fim do mundo, mas sim, de uma era perversa.

Essa transição certamente é dolorosa, assim como as dores de um parto, um parto cósmico muito ansiado, mas também temido por causa das incertezas e das tantas profecias catastróficas que fluem pelos ambientes da Terra. No entanto, as profecias geralmente chegam em tons bem mais fortes do que o que deverá realmente acontecer.

Nesse contexto, é importante lembrar também que, se a vida machuca, isto não reflete apenas resgate cármico, mas, principalmente, nossas ***necessidades de crescimento***. Se não aproveitamos os milênios passados para cuidar desse crescimento, agora, já no apagar das luzes desta era, ***precisamos nos desdobrar*** na busca dessa evolução de que desdenhamos por tanto tempo. É o mesmo que acontece com os alunos relapsos que passam o tempo em curtições e, às vésperas da prova final, se desdobram, estudando dia e noite a fim de poder passar de ano.

## Casamento com Separação de Bens

Outro motivo para o esfriamento da fé é o que acontece em grande parte dos Centros Espíritas, numa espécie de casamento com separação de bens. A referência é feita aos bens espirituais. Os trabalhadores da Casa não vivenciam uma cultura de equipe, aquela na qual as atitudes são sincera e firmemente voltadas para o todo, para o crescimento de todos.

Num grupo de pessoas que trabalham juntas, sempre há alguém ou alguns que destoam, que pensam e agem diferente, criando dificuldades de convívio.

Num Centro que conheci há algum tempo, a direção da Casa se empenhava muito para que o convívio entre todos fosse o mais fraterno possível e que isto se refletisse em todas as atividades da Casa, mas três ou quatro dos trabalhadores destoavam. Eram muito arraigados às ideias de pecado e castigo e radicalizavam a disciplina. Com isso, exerciam severa vigilância sobre todos.

Um desses trabalhadores, que chamaremos de Jacó, era espírita há mais de três décadas e apenas há poucos anos tinha conseguido livrar-se do alcoolismo, ou controlá-lo.

Jacó expressava certa arrogância e vaidade. Insistia sempre em fazer a explanação sobre o Evangelho, apesar de não desenvolvê-la a contento. Além disso, demonstrava estranha rigidez. Era adepto da ideia absurda, que muitos espíritas expressam, de que "quem não vem pelo amor, virá pela dor", como se Deus exigisse de todos os seus filhos a conversão ao espiritismo.

Essas questões todas causavam mal-estar entre os trabalhadores da Casa, provocando desentendimentos e discussões.

A diretoria não queria melindrar o companheiro e, quando ele insistia em fazer a explanação do Evangelho, acabava sendo atendido em nome da caridade. Porém, essa "caridade", que ignorava a outra asa da evolução, ou seja, a sabedoria, estava sendo prejudicial a muitas pessoas e ao próprio Centro, pois quem o ouvia ficava conhecendo um espiritismo radical. Ao invés de uma Doutrina que esclarece e convida, encontrava fanatismo e imposição.

Tal situação foi levando os demais trabalhadores a se afastarem do grupinho de radicais, a ignorá-los. Todos se tratavam com cortesia, mas não com entendimento fraterno.

Diante dessa situação, o mentor espiritual solicitou uma reunião com os trabalhadores da Casa e, ao se manifestar, falou:

"Um grupo espírita deveria ser assim como um casamento com comunhão de bens, de bens espirituais. Cada um de nós já conseguiu cimentar muitos valores em sua edificação espiritual, mas há muitos outros ainda à espera de nossa atenção. Evolução não acontece a toque de caixa. Ela é lenta, por isso precisamos ter paciência com nós mesmos e com os nossos companheiros, embora devamos empregar sempre os maiores esforços em nossas transformações interiores.

A natureza do ser humano é grupal, para que assim, em grupo, todos possam ajudar-se mutuamente. Os valores que uns já adquiriram são diferentes dos que outros já conseguiram amealhar. Dessa forma, todos podem aprender uns com os outros. Infelizmente, porém, nos grupos espíritas, ao invés de nos apoiarmos, procurando aprender uns com os outros, sempre que observamos erro num companheiro, cuidamos de nos isolar dele. Desse modo, todos saem perdendo. Peço a vocês para refletirem sobre isso. Se, ao invés de apenas ignorarem os companheiros mais difíceis, procurarem ajudá-los e ao mesmo tempo estar abertos para aprender com eles o que de bom eles têm; se usarem do amor e da humildade que já conseguem vivenciar, procurando mostrar a esses companheiros os seus enganos, dialogando com eles de forma verdadeiramente fraterna e com humildade, todos terão a ganhar. Agindo assim, ao invés de ignorar ou de se afastar dos seus irmãos, vocês os estarão ganhando.

Também é importante perceber que os irmãos, cujas posturas não condizem muito com os postulados que pregam, certamente possuem outros valores que nós ainda não conquistamos. Assim, com humildade, boa vontade, amor e sincero desejo de ajudar, todos se beneficiarão, e o serviço da seara, também."

## Espiritismo Intelectualizado

Mais um fator que contribui para o esfriamento da fé, é o fato de estarmos vivendo um espiritismo intelectualizado, em detrimento do que deveria ser vivenciado a partir do coração. Já disse o Espírito Ermance Dufaux: "Espiritismo na cabeça é informação. No coração é transformação".

Isso é fácil de verificar, ao se observar como tentativas para mobilizar pessoas ou grupos com vistas à realização de um programa voltado para a reforma interior acabam se diluindo, ou tomando outros formatos com objetivos diferentes. Quaisquer movimentos mais efetivos que busquem as transformações interiores, tão necessárias, acabam se esvaziando (no capítulo *A Rede*, é possível observar como isto acontece na prática). Enquanto isso, nos Centros, os estudos – sejam doutrinários, científicos ou sobre práticas espíritas – desenvolvem-se e se ampliam ao longo das décadas, ou seja, "espiritismo na cabeça". Certamente, consta da programação das Casas Espíritas estudos do Evangelho, palestras, seminários, etc., focados na reforma interior, mas isso não é o bastante, conforme veremos mais adiante.

Disse sabiamente, o Apóstolo Paulo, que a letra mata, mas o espírito vivifica. Os cristãos, no entanto, atêm-se à letra, ao doutorado da letra, e pouco seus seguidores evoluíram espiritualmente em todos estes séculos.

Nos meios espíritas também se tem priorizado a letra, em detrimento do seu espírito, que seria espiritismo nas atitudes, no coração.

A verdade é que ***não há mais tempo para discussões em torno da letra***. O foco, agora, deveria estar em sermos menos críticos e mais afetuosos, mais amorosos.

Ainda, sobre a questão da fé, também é importante observar que a raciocinada é mais frágil que a cega. Qualquer questionamento no âmbito desta última tem as respostas: "É a vontade de Deus", "Ele está testando minha fé", "Vou receber a recompensa no céu", etc. Já, no âmbito da fé raciocinada, nem sempre encontramos a resposta satisfatória, tendo em vista o pouco conhecimento que podemos alcançar nessa fase evolutiva. Sendo assim, muita coisa foge ao nosso entendimento. E a falta de respostas, em razão do nosso orgulho, poderá começar a minar nossa fé, com dúvidas.

Portanto, é bem mais fácil manter acesa uma fé que nos permite acreditar num deus cuja justiça não podemos entender nem questionar e que testa a nossa obediência e fé por meio das lutas e dos sofrimentos, mas que, ao final de tudo, seja lá do que for, irá nos recompensar com felicidade, honras e glórias no céu. É bem mais fácil simplesmente aceitar tudo como sendo a Sua santa vontade. Isso, no entanto, representa a estagnação evolutiva.

E quanto aos meios espíritas? Estaremos também vivendo uma estagnação evolutiva semelhante à das igrejas cristãs?

Reflitamos um pouco e façamo-nos a seguinte pergunta: Por que os seguidores do cristianismo pouco ou nada evoluem espiritualmente?

Vejamos uma das razões:

As igrejas cristãs apresentam a seus fiéis o "prato feito" da salvação. Tudo é oferecido prontinho; basta-lhes obedecer ao que a igreja determina, ou seja, às leis ou aos preceitos que elas criaram.

Ocorre, nas doutrinas formadas por regras ou preceitos, que seus seguidores tendem a procurar meios para fraudá-los, lançando mão de interpretações as mais variadas e de recursos outros que lhes permitam permanecer sob o seu abrigo, mas sem real comprometimento com elas.

Os judeus, para fraudar o mandamento sobre a guarda do sábado, que não lhes permitia afastar-se de suas residências além de determinada distância, deixavam um objeto da casa nesse local limite e seguiam por outra distância semelhante. A consciência ficava tranquila, porque faziam de conta que o objeto ali deixado estaria representando a sua residência.

No catolicismo, adotaram no passado o uso das penitências, inclusive com tarifas preestabelecidas para se ter o perdão de cada pecado, não importando a sua gravidade.

Nas igrejas evangélicas, há o dízimo e outros preceitos que deixam à sombra a importância de se vivenciar os ensinos de Jesus.

Esses são exemplos de situações em que o ser humano está sempre querendo levar vantagens. Trata-se de situações que refletem a antievolução, e é por isso que o mundo cristão pouco progrediu espiritualmente, o que deveria ter acontecido em razão do seu conhecimento do Evangelho.

Veio então o espiritismo, trazendo extraordinário conhecimento libertador, mas em seus meios também vamos encontrar em abundância aqueles que substituem a reforma íntima pela frequência ao Centro, pelo passe e pela água fluidificada, pelas atividades na Casa, pelo trabalho mediúnico, pela direção da instituição; outros a substituem por ações na divulgação do espiritismo, tais como fazer palestras, escrever livros, falar no rádio ou na tevê, ou ainda pela Internet. Com isso, sentem-se abençoados e confiantes em que estão conquistando ingresso em Nosso Lar, após a desencarnação. Preenchem tanto as suas vidas com atividades espíritas que pouco tempo lhes sobra para cuidar das construções interiores do próprio Espírito.

## As várias formas de Fé

Dentro desse entendimento, poderíamos então dizer que a principal ferramenta para impulsionar a evolução do movimento espírita a patamares mais compatíveis estaria no fortalecimento da **FÉ** e principalmente na vivência do **AMOR.**

Mas o que fazer para fortalecer a chama da fé e reacender o amor?

É simples. Vamos observar por outro ângulo aquela receita dada por Jesus: "Ama a Deus sobre todas as coisas", ou seja, ***desenvolve a tua fé.*** "Ama o próximo como a ti mesmo", ou seja, ***desenvolve amorosidade***.

Mas o que realmente podemos entender por fé?

Há alguns anos, um cidadão de muitas posses e importância social, que chamaremos de João, descobriu que estava com câncer. Era desportista, tinha uns 35 anos de idade e gozava a vida no auge das satisfações terrenas.

Desesperado, em profunda depressão, foi levado pela esposa a São Paulo para ser operado pelo Espírito Dr. Fritz e acabou convencido de que ficaria curado.

De volta, João promoveu várias viagens do médium que incorporava o Espírito Dr. Fritz a Fortaleza, onde aquele residia, para ali operar algumas centenas de pessoas e, evidentemente, cuidar dele também, que recebia sempre palavras de esperança da parte do Espírito. Eram palavras que ele interpretava como garantia de cura. E, nesse entusiasmo, fundou um Centro Espírita num enorme galpão que possuía, e a frequência de público era muito grande, pois quase todos procuravam a cura.

Nas palestras que fazia, posto ser ele quem presidia as reuniões, João falava sempre sobre a fé com tamanho entusiasmo e boa oratória que o público vibrava muito, e todos se beneficiavam com essa vibração, pois sabemos como a fé pode produzir "milagres", já que faz mobilizar energias sutis, atua sobre o sistema imunológico e reforça o poder do Espírito sobre a matéria.

O tempo ia passando, e a saúde de João piorando, mas de forma alguma ele aceitava a ideia de que poderia vir a desencarnar.

Nas reuniões, dizia: "Tenho fé em Deus de que ficarei curado". E dizia isto com absoluta convicção. Todas as suas palestras sempre eram direcionadas para os pontos relacionados à fé, ao pensamento de que Deus não desampara seus filhos e sempre lhes dá o que pedem.

Mas, João continuou definhando e, até mesmo na véspera de sua desencarnação, tinha certeza absoluta de que não morreria. Todos viam que estava nas últimas, só ele e a esposa continuavam dizendo que tinham fé em Deus de que ele viveria. Mas, para surpresa da mulher, e certamente dele também, desencarnou. Ela não conseguia acreditar que o marido se fora. Ambos haviam tido tanta fé, e aquilo não poderia ter acontecido. Acabou descrendo da vida, do espiritismo, de Deus.

Este é um exemplo de fé cega e irracional. É a realidade de muitas pessoas. Quando estamos no sufoco e olhamos para o Alto pedindo ajuda, mas esta não nos chega logo e da maneira como desejamos, a fé diminui e muitas vezes se acaba.

Mas, vejamos outro caso, também real, mostrando outra forma de fé. A de um pastor de uma igreja protestante, que veio do exterior com a família e, logo que aqui chegou, foi enganado e perdeu tudo que trouxera para iniciar a vida no Brasil. Habituado à honestidade, não poderia supor que houvesse pessoas capazes de roubá-lo, como aconteceu. Voltou a seu país de origem para refazer a vida e buscar a família, mas estourou a Segunda Guerra Mundial e teve de retornar ao Brasil, em situação ainda pior.

Imaginemos a situação de um homem culto, doutor em Teologia, que falava nove idiomas e era grande orador, mas precisava trabalhar em serviços de jardinagem, entregar pão nas residências e realizar outros serviços dessa natureza para manter a família. Teve oportunidade de excelente emprego numa embaixada, mas recusou porque, naquela época, trabalhava-se no sábado, o que sua religião não permitia. A esposa, também com formação universitária, fundadora de várias clínicas de hidroterapia, tradutora oficial do Governo do seu país de origem, passou a lavar roupa para fora a fim de ajudar na manutenção da família de cinco filhos.

Certa vez, nada havia para a família comer, mas não se desesperaram, aliás, jamais ficavam desesperados ou aflitos porque, para eles, tudo estava nas mãos de Deus e Ele os socorreria nas aflições. Chamaram os filhos e se reuniram no quarto do casal, ajoelhados, em oração, pedindo ajuda a Jesus.

Nesse momento, ouviram-se batidas à porta, e a senhora foi atender. Ninguém apareceu. A casa ficava no meio de uma planície, e seria impossível alguém se esconder. Rodeou a casa e, nada vendo, voltou, encontrando um grande pacote de pão sobre a mesa.

Para eles quase não houve surpresa. Parecia-lhes natural, pois acreditavam firmemente que Jesus não deixaria sua família morrer de fome, mas, se tal ocorresse, é porque seria a vontade de Deus e, assim, tudo estaria bem.

Encontramos, nesses exemplos reais, dois modelos bem diferentes: um quer que Jesus caminhe a seu lado para o ajudar; o outro procura seguir os passos do Mestre para obedecer-Lhe e aprender com Ele a amar, ser manso e humilde de coração.

No primeiro caso, vimos uma forma de fé, ou devoção, completamente cega, mas voltada para os próprios interesses. No segundo, vimos um exemplo de fé, ou devoção, também cega, mas com foco na divindade, em cujas mãos entrega-se o próprio destino, numa confiança tão plena quanto a da criança que segue tranquila, levada pela mão do pai ou da mãe.

Vemos ainda, na primeira narração, os interesses pessoais, demonstrando-se imaturidade evolutiva, caminhando para frustrações. Na segunda, a entrega serena, confiando-se a própria vida e destino às mãos de Deus. As pessoas com esse tipo de fé seguem mais tranquilas, com serenidade e confiança, estados íntimos que permitem a alguém passar por quaisquer provações sem se desestruturar e sem perder a fé.

Mas, há também outra forma de fé, a raciocinada, que, observando e conhecendo os mecanismos da vida, percebe neles uma direção superior, que atua com justiça e amor.

A fé é algo que se alicerça na confiança e pode individualizar-se com foco em algum ser superior que protege e ampara, ou generalizar-se com foco nos próprios mecanismos da vida, que obedecem a um plano maior, girando em engrenagens de justiça e de amor.

Mas, seja qual for o modelo, é sempre a fé que permite a alguém passar pelas intempéries da vida sem perder o rumo.

## Como desenvolver a Fé

De início, devemos lembrar que a fé deve ser sentida e não racionalizada.

Também, importa refletir que, ao longo da vida, temos tido inúmeras oportunidades de ***comprovar*** a intervenção e a ajuda divina tanto para com outras pessoas e situações quanto para com nós mesmos. Então, fixemos essas comprovações, ou seja, essa realidade, em nossa memória, como uma luz perenemente acesa em nossa alma, informando-nos de que Deus existe, nos ampara, nos conduz, etc.

Assim, fortalecidos em nossa fé, mediante essa convicção, habituemo-nos a elevar o pensamento a Ele continuamente, não permitindo que essa conexão se feche. No capítulo *Aspectos científicos da prece,* do livro *Técnica da Mediunidade* de Torres Pastorino, dá explicações importantes sobre o assunto, abrindo nossa compreensão sobre essa questão tão simples e ao mesmo tempo tão complexa.

No caso de ser difícil mentalizar Deus em nossas preces, podemos fazê-lo com relação a Jesus, ou até mesmo a algum Espírito superior que admiramos e amamos.

Desenvolver amorosidade, também ajuda a fortalecer a fé.

Sugerimos, a seguir, um modelo de mentalização que, praticada habitualmente, representa poderoso instrumento a fortalecer nossa fé e alavancar nossa evolução.

Trata-se da mentalização *Presença de Deus*, que apresentamos a seguir.

“Respire fundo algumas vezes, enviando junto com o ar uma onda relaxante para o seu corpo.

Envolva todo o seu corpo num sentimento de amor e de carinho.

Deixe que uma sensação de paz vá tomando conta do seu íntimo.

Volte a atenção para o centro da sua cabeça e para o seu coração... Para uma luz que brilha no centro da sua vida. É a sua essência mais íntima, é a presença de Deus em você.

Procure sentir a profunda harmonia, o amor e o poder que emanam dessa presença.

Tudo em você se transforma em amor, em harmonia, em alegria.

Diga mentalmente, sentindo a verdade profunda que há nestas palavras: 'Eu sou luz. Em minha essência mais íntima sou luz, sou poder, sou amor, sou alegria'.

Sinta, o mais intensamente que puder, essa presença divina em todo o seu ser."

Sempre que lembrar, reative essa conexão. Para isso, basta ligar-se mentalmente à sua luz interior, presença de Deus em você.

Essa pequena mentalização, feita sistematicamente, vai despertando nossa luz interior e transmutando, mesmo de maneira lenta, nosso clima psíquico de profundidade, com ganhos vultosos em nossos processos evolutivos. A constatação continuada da presença de Deus em nossa intimidade, além de influenciar nossa vida interior e nossas atitudes, favorece a elevação da nossa frequência vibratória, refletindo-se numa harmoniosa sensação de plenitude, num prazer puramente espiritual.

*"Não percas a tua fé entre as sombras do mundo. Ainda que os teus pés estejam sangrando, segue para a frente, erguendo-a por luz celeste, acima de ti mesmo".*

*(Francisco Cândido Xavier)*

## Como desenvolver amorosidade

A melhor, quiçá a única, maneira de desenvolver amorosidade é exercitá-la, ou seja, estar sempre desenvolvendo um estado de espírito afetuoso, amoroso. Mas a grande dificuldade está no esquecimento. Geralmente, só nos lembramos dos nossos propósitos evolutivos depois de os termos descumprido. Ora, se o problema está no esquecimento, a solução está em criar lembretes, que são uma forma de gerar memória, ter em mente, lembrar-nos sempre de agir conforme o propósito feito a nós mesmos. Com o tempo, tais solicitações à memória se transformam em hábito. (*Obs.: Em outro capítulo, abordamos essa questão dos lembretes.*)

Sabe-se que há vários tipos de amor. Há aquele que ocorre entre irmãos, o que acontece entre pais e filhos, o amor entre casais, a amizade, e todos eles representam caminhos para o mais maravilhoso de todos, o amor universal.

A amizade é um belo tipo de amor, por ser desinteressado. Gostamos dos nossos amigos, não porque são feios ou bonitos, ricos ou pobres... Ou porque são úteis para nós. Simplesmente, gostamos por gostar. Entre amigos verdadeiros não existe inveja, orgulho nem grandes mágoas. Se brigamos com um amigo, ficamos muito tristes e com vontade de fazer as pazes. Pelo fato de ser um sentimento desinteressado, a amizade pode durar a vida inteira. É uma felicidade ter amigos verdadeiros, mas esse tipo de amor ainda não é pleno, porque pede reciprocidade.

Já o amor universal é aquele sentimento maravilhoso de amorosidade direcionado a tudo e a todos, assim como uma fonte que doa suas águas cristalinas sem perguntar a quem, nem pedir algo em troca. Se a humanidade cultivasse esse tipo de amor, a Terra seria um paraíso. Ninguém faria outros sofrerem, não haveria criminosos nem corruptos, e todos fariam o possível pela felicidade dos outros.

Exemplos de amor universal vamos encontrar nos grandes seres, assim como Jesus, que ama a humanidade inteira; como Francisco de Assis, que, além de amar todas as pessoas, ama também o Sol, o vento, as pedras, as plantas e os animais, chamando a todos de irmão e de irmã.

Também, no Brasil, temos tido vários exemplos desse tipo de amor, como foi o caso do Betinho. Mesmo muito doente, ele trabalhou exaustivamente para melhorar as condições de vida das pessoas mais pobres.

Quem ama, com esse amor universal, conduz a felicidade dentro de si.

O amor está em tudo o que é bom, que faz bem, que dá felicidade, e podemos defini-lo como sendo um sentimento vivo de afeição e de alegria.

Uma grande escola para desenvolver afetividade está na família e nas pessoas com as quais convivemos, justamente pelas naturais dificuldades do convívio. É ali que podemos ir aprendendo a amar, apesar das diferenças e dos problemas geralmente presentes na convivência.

Retornando o assunto ao contexto do movimento espírita, se não temos meios para influir em sua evolução, podemos fazê-lo com nós mesmos e, talvez, com o grupo espírita no qual nos inserimos.

Na última parte deste trabalho apresentamos algumas práticas, sugestões e exercícios que ajudam a desenvolver o amor e outros valores da evolução espiritual; ajudam também a fortalecer nossas próprias defesas vibratórias, além de um comando consciente de nós mesmos.

*Procure praticar a oração constante. Ela nos predispõe à harmonia interior e abre canais de sintonia com faixas de mais elevada vibração. Nem sempre são necessárias palavras, bastando elevar o pensamento e os sentimentos para o Alto, assim como a flor que estende suas pétalas para receber o afago dos raios do sol matinal.*

# Capítulo 06

## Um Nó no Caminho da Evolução Espírita

O movimento espírita representa algo maravilhoso, tanto pelos conhecimentos que proporciona, quanto pela abnegação e espírito de renúncia da maioria dos seus seareiros, cuja dedicação não visa a lucros materiais e, em muitos casos, nem mesmo a um lugar em "Nosso Lar". Mas ***está faltando o tempero principal***, a priorização de atividades para alavancar a evolução espiritual, tanto dos trabalhadores da seara, quanto daqueles que buscam os Centros à procura de qualquer tipo de ajuda.

Nos meios espíritas, fala-se muito em Jesus, invoca-se o seu nome para iniciar e encerrar atividades, mas falta um programa efetivo, contínuo e prioritário para ***fomentar a vivência dos Seus ensinamentos.***

Do universo de Centros Espíritas existentes, quantos estarão realizando atividades que visam desenvolver amorosidade nos seus trabalhadores e frequentadores? Entretanto, Jesus afirmou que o MAIOR de todos os mandamentos é o amor. Por que então não dirigimos ***nossos melhores esforços nesse sentido?***

Quantos grupos mediúnicos estarão realizando atividades destinadas a fomentar a vivência da amorosidade e do bom convívio entre seus membros? Tal vivência, todavia, representa uma poderosa proteção contra os inimigos da luz.

Pode-se assim compreender qual é o ponto crítico e ***onde está o nó*** no caminho da evolução espírita.

Na nossa bibliografia é incontável o número de livros que tratam de Doutrina Espírita, ou que analisam, discutem ou comentam temas doutrinários; há os que explicam o Evangelho ou dissertam sobre temas evangélicos, além daqueles que trazem mensagens de elevado teor, os filosóficos, os científicos, etc., sem falar nos romances. Mas são raríssimos os que apresentam algum ***programa*** de reforma interior ou de crescimento espiritual, que possa ser utilizado em oficinas ou outras atividades que permitam dar um suporte mais forte e efetivo às pessoas que se decidem a priorizar esse crescimento.

Nos mais de catorze anos conectada com o movimento espírita, principalmente por meio da Internet, tenho recebido, constante e continuamente, informações sobre a realização de cursos e de estudos doutrinários nos mais diversos Centros e grupos, no Brasil e também no exterior.

Nesse período, no entanto, não me lembro de ter recebido mais de seis ou sete mensagens sobre a realização de algum evento que tenha por finalidade, de forma objetiva, o crescimento interior dos participantes.

Entretanto, uma das passagens da codificação do espiritismo, muito citada no meio espírita, é do *O Livro dos Espíritos*: "Reconhece-se o verdadeiro espírita pela sua transformação moral e pelos esforços que emprega para domar suas más inclinações".

Ora, se a característica do verdadeiro espírita está em sua transformação moral e nos esforços que emprega para domar suas más inclinações, por que então o grande esforço, a meta principal e a priorização das atividades espíritas ***não estão voltados para alcançar essa finalidade?***

Para que o espiritismo possa vir a ocupar o lugar que deveria caber-lhe no processo de transição planetária, será necessário um grande empenho da parte dos seus dirigentes. Será preciso fazer campanhas, desenvolver meios, sugerir e incentivar ações que possam realmente ajudar os espíritas em suas transformações interiores.

É bom lembrar que todos que detêm cargo ou função diretiva nos arraiais espíritas, são também corresponsáveis pela evolução espiritual dos seus "rebanhos".

Se você, prezado leitor, é dirigente de grupo ou de Centro Espírita, pode fazer a diferença, mas peço que reflita sobre o seguinte: qualquer atividade que busca efetivamente o crescimento espiritual de um grupo necessita de programas específicos, de ações práticas, tais como oficinas, campanhas e assemelhados. Palestras, estudos do Evangelho, etc., não surtem o efeito desejado, porque algumas horas mais tarde, a maioria dos ouvintes já nem se lembra mais dos seus conteúdos, permanecendo neles apenas as boas vibrações que assimilaram, ao passo que uma oficina, por exemplo, sobre qualquer valor humano ou espiritual, se for bem elaborada, permanece ativa na memória dos participantes por mais longo tempo.(por um longo tempo ou por um tempo prolongado...) E quando a sua realização sistemática passa a fazer parte da programação de atividades do Centro, constrói-se na Casa uma ***cultura de vivência dos valores*** propostos. Ali se passa então a respirar evolução espiritual, facilitando sobremodo a internalização e a vivência de tais valores.

É fácil, pois, perceber as profundas implicações decorrentes de uma mudança de foco nas atividades de um Centro Espírita, uma mudança tendente a gerar reais transformações, tanto com relação aos trabalhadores da Casa, quanto aos frequentadores.

Não pretendemos, de forma alguma, minimizar o valor das palestras, ou de estudos doutrinários e evangélicos, que são fundamentais para o despertamento das pessoas para as coisas espirituais e para a manutenção e reativação dos valores da fé. Mas, podemos compará-los com a teoria, que não prescinde da prática. Sem esta última, seria o mesmo que pretender voar com uma só asa.

Mais adiante, apresentamos um resumo da *Agenda Mínima para Evoluir*, um programa que pode ajudar e facilitar bastante a evolução espiritual de uma pessoa ou de um grupo, e, no último capítulo, apresentamos a sugestão da *Campanha Quinzenal,* uma atividade evolutiva que qualquer Centro pode facilmente implantar.

*Se você é "trabalhador da seara", seja qual for a sua função, você é corresponsável pelo grupo ou pelo centro em cujas atividades se encontra inserido. Por isso, procure fazer o melhor que puder, procure interessar-se não só pelas suas tarefas, mas também por tudo que diga respeito ao grupo ou instituição. Você é parte dele.*

*A Casa Espírita é também o seu endereço de luz. Se ela se encontra em situação sombria, procure desenvolver meios para iluminá-la, pois, quando algo realmente nos interessa, "movemos céu e terra" para consegui-lo. Assim, "movamos céu e terra" a fim de garantir as melhores condições possíveis para que o nosso endereço de luz possa cumprir sua missão.*

# Capítulo 07

## Um Novo Olhar

Palavras como expiação, carma, culpa e resignação refletem ideias pesadas, condicionantes, gerando medo e complexos. Se estamos no limiar de um novo tempo, vemos oportuno e necessário desenvolver também um novo olhar.

### Expiação

As palavras ***aprendizado e resgate*** são bem mais leves que ***expiação***, libertando o ser para os voos da evolução. Nas situações em que a vida machuca, é válido entender que se trata de uma necessidade de aprendizado ou do resgate de alguma má ação cometida no passado reencarnatório. Esse tipo de entendimento resguarda a pessoa de sentir revolta, ao compreender que não está sendo injustiçada pela vida. O contrário poderia levá-la a descrer da justiça divina.

Mas não é benéfico nem correto atribuir-se tudo ao carma. Afinal, o grande papel do sofrimento e das dificuldades não é o da mão que castiga, mas o do professor que ensina a ciência do bem-viver.

Se a humanidade está transitando de "provas e expiações" para "mundo de regeneração", conforme informam os Espíritos, está claro que nossa mentalidade também precisa ser reformulada, para atender com segurança às necessidades do novo tempo. Se ficarmos engessados no pensamento antigo, calcado na temática do sofrimento como necessidade expiatória, como poderemos trabalhar pelo novo modelo?

## Culpa

Também os sentimentos de culpa, pela ótica espírita, são pertinentes apenas no que dizem respeito ao mal que fazemos aos outros, à comunidade, a nós mesmos e à natureza; mesmo assim, só devem persistir na medida em que nos levem à correção, ao reajuste e ao resgate, quando for o caso. É natural, e mesmo útil, que esses sentimentos perdurem por algum tempo, após o ato que os gerou, mas sem que isso se transforme num peso inútil a martirizar a alma. Da mesma forma, não cabe ao espírita sentir-se culpado perante Deus, mas sim perante a própria consciência e também diante de quem vitimou, porque o Ser Supremo não se ofende, não se magoa nem se aborrece com nossos erros. As Suas leis existem, não para nos cercear ou violentar, mas para orientar nossa evolução.

Assim, ao invés de culpa, convém adotar a ideia de responsabilidade.

## Resignação

A palavra resignação passa uma noção negativa, de alguém que se arrasta pesada e resignadamente pelos caminhos da vida, carregando sua cruz. Já a palavra aceitação é mais leve. Aceitar as agruras da vida não significa inércia nem sofrimento, mas luta quando esta pode melhorar a situação. Aceitar, permite desenvolver esperança e contentamento, valores fundamentais para quem deseja vencer.

## Consolador ou a Verdade?

Com relação ao Consolador, o Espírito Verdade que foi prometido por Jesus, podemos entender ser natural que, num mundo de "provas e expiações", prepondere a ideia do Consolador, representando o consolo para quem se encontra debaixo de pesados sofrimentos e a esperança de que um dia tudo vá melhorar. Mas, a própria natureza dele, por um ponto de vista mais saudável, está muito mais nas informações trazidas pela Verdade, do que na conformação ante o sofrimento, visando a recompensas futuras. Assim, num mundo de regeneração, cabe à Verdade um lugar preponderante.

Felizmente, em grande parte do movimento espírita, a ideia de que "vamos sofrer resignadamente porque receberemos recompensas no mundo espiritual" está mudando para um discurso mais saudável e progressista: "vamos buscar o nosso crescimento interior, desenvolver nossas qualidades superiores e as nossas potencialidades; ajudar a comunidade, procurando levar-lhe as verdades espirituais, além de trabalhar visando conscientizá-la quanto à importância da sua participação na transformação do mundo; auxiliar o ser humano a comandar seus estados de espírito, erguer-se e caminhar com os próprios pés".

É a cruz transformando-se em instrumento de trabalho, de crescimento e de alegria.

## Salvação

Duas ideias incoerentes foram criadas pela igreja católica e perduram no seio do cristianismo. São elas a perdição e a salvação, ou seja, a humanidade estaria perdida por causa do pecado de Adão e Eva, e por isso Deus precisou enviar seu filho inocente e puro para ser imolado, a fim de que seu sangue purificasse o ser humano, e seu sacrifício o redimisse.

Num entendimento mais saudável, poderíamos dizer que ninguém está precisando salvar-se, porque ninguém está perdido. Estamos todos, sim, precisando evoluir.

Mas, ante esse conceito sobre a inexistência da salvação, como ficaria a máxima da codificação "Fora da caridade não há salvação"?

É preciso entender que o sentido dado a essa palavra indubitavelmente não é o mesmo do significado que tem na Bíblia. É preciso observar-se a época e a circunstância em que essa máxima foi dita. Foi uma contraposição ao dogma "Fora da Igreja não há salvação". E Kardec, nesse mesmo capítulo, em seus comentários aos textos do Evangelho, em vez da palavra "salvação", usa "felicidade futura". Todo o discurso da codificação nos fala em evolução ao longo das reencarnações, e isto é incompatível com a ideia da salvação bíblica.

## Idolatria

A humanidade compõe-se de seres com múltiplos aspectos, características, "manhas" conscientes e inconscientes, além de necessidades as mais variadas.

Em razão disso, surgem desvios como a idolatria. Por meio dela, grande parte dos cristãos deixa de perceber a grandeza espiritual de Jesus, transformando sua luminosa figura num ídolo barato, cuja função é servir de bengala, ou melhor, de burro de carga aos interesseiros e àqueles que não querem caminhar com os próprios pés.

Por que idolatramos alguém? Porque esse alguém nos serve de algo. Se fosse apenas pelo prazer que nos dá observar sua grandeza espiritual e receber orientações para o nosso crescimento interior, certamente nossa relação sentimental e emocional com ele seria mais equilibrada, de admiração profunda, afeto e amor. Já a idolatria é diferente, pois gruda o idólatra a seu ídolo, e o primeiro fica sugando do segundo tudo o que consegue, gerando dependência.

Com relação a Jesus, as religiões cristãs têm nele uma bengala, a mão forte que conduzirá seus fiéis, não apenas ao Céu, quando chegar a hora, mas principalmente à solução dos mais diversos problemas e à consecução dos mais diferentes desejos aqui mesmo na Terra.

Também na comunidade espírita vamos encontrar aqueles que idolatram, seja a Jesus, a Kardec, a Bezerra de Menezes, a

Chico Xavier, ou a tantos outros, ao invés de fixar-se nos ensinamentos e nos exemplos que esses seres deixaram.

## Uma bandeira, ou atitudes?

Nos meios espíritas, costumamos apresentar Jesus e o Evangelho como sendo a nossa bandeira: vamos fazer o Evangelho, vivenciá-lo, colocar Jesus em nossas vidas, etc.

Com esse tipo de entendimento, acabamos diluindo nossos esforços evolutivos em imagens e palavras: as imagens são as de Jesus e do Evangelho, e as palavras são as que já se tornaram jargões sem efeito. E assim, sentindo-nos sob esse pálio, achamos que estamos evoluindo, fazendo nossa reforma interior e nos preparando para Nosso Lar, após a desencarnação.

Vamos refletir um pouco?

Do que realmente necessitamos para evoluir? É de uma bandeira ou de atitudes?

Então, em vez de viver em função do Evangelho e da figura de Jesus, não é muito mais produtivo trabalhar pelo próprio crescimento como ser espiritual e cósmico? Em vez de fazer citações de chavões sobre a caridade, não é melhor esforçar-se para desenvolver amorosidade de forma contínua? Em vez de levantar a bandeira do Evangelho, como mera bandeira, não é mais adequado procurar vivenciar seus ensinamentos? No lugar de prédicas evangélicas, não é melhor fazer reflexões sobre as dimensões da humildade e procurar meios para desenvolvê-la na própria intimidade? Ao invés daquela voz "mansificada", nem sempre autêntica, quando se fala em "coisas sagradas", não é mais correto deixar fluir a alegria, o contentamento, que é um verdadeiro elixir de vida?

Em tempo de transição, não há TEMPO a se perder. É imprescindível e inadiável realizar as transformações interiores a se manifestarem em ATITUDES.

Mas, enquanto virmos Jesus como o Salvador, estaremos sempre nos atrelando a Ele, procurando n'Ele muletas ou mesmo uma "carona" para Nosso Lar, quando não, a mão de uma babá a nos conduzir vida afora. É a antievolução.

Podemos também entender que essa questão reflete o nosso momento evolutivo. Quando vemos em Jesus o Salvador, esse tipo de relação se assemelha à da criancinha com aqueles que cuidam dela, quando espera deles e até mesmo exige alimento, cuidados necessários para o seu bem-estar, amor, atenção e as brincadeiras de que gosta.

Pense agora como é a relação do jovem para com o pai, a mãe ou alguém a quem ama e admira profundamente. É bem diferente. É a relação de alguém que procura espelhar-se nas qualidades que admira no outro. Da mesma forma, numa relação menos infantil com Jesus, forçosamente veremos n'Ele o Mestre. E, quando nos dedicamos a meditar sobre a Sua grandeza espiritual, serenidade, força, amor e sabedoria, o vínculo que criamos com Ele irá nutrir-nos com esses valores, e poderemos assimilá-los na medida em que a nossa idade sideral permitir.

## Caridade

A utilização da palavra caridade também precisa ser repensada, porque se desgastou pelo mau uso, revestida de características humilhantes para quem é dirigida e de envaidecimento de quem a pratica, o que é incompatível com as ideias espíritas.

Não seria bem melhor usar os termos fraternidade ou atos de amor?

É verdade que fazer caridade tem peso no terreno do merecimento, mas não da evolução, porque esta representa um processo contínuo de crescimento interior, que nada tem a ver com aquela prática.

A evolução: numa de suas vertentes, ocorre mediante aquisição ou desenvolvimento de um sentimento: o amor. Então, haverá atos de amor e não de caridade. Praticar esta última pode preparar terreno para o amor, pela percepção do sofrimento alheio, que mobiliza e desenvolve sentimentos fraternos. Mas, é importante destacar a diferença entre atos de amor e caridade, na forma como ela é compreendida.

As palavras geram ideias, com reflexos que influenciam posturas e atitudes.

## Cultura do sofrimento

Outro ponto que merece reparo é a necessidade de se acabar com a cultura do sofrimento que se estabeleceu nos arraiais espíritas. Observemos que o sofrimento faz parte do contexto de um mundo de provas e expiações, mas não de um mundo de regeneração, no qual essa dor ainda continuará presente, mas de forma minimizada. Nesse novo modelo, não mais haverá necessidade dessas "esporas da vida", cuja finalidade é levar as pessoas a se ocuparem mais intensamente com o seu crescimento espiritual.

Por enquanto, importa lembrar que o Mestre dizia: "Levanta-te e anda". Essa ordem, no momento atual, está mais válida que nunca, porque alcança a todos aqueles que estiverem acordados ou acordando para a necessidade de crescimento espiritual.

A "ordem", portanto, é levantar-se com a ajuda dos irmãos maiores e aprender a andar, ajudando-se a si mesmo. Neste caso, o autoajudar-se tem duplo foco, que podemos entender como sendo as duas asas da evolução. Uma delas representa a vivência do amor e demais virtudes, e a outra, o conhecimento posto a serviço do próprio caminhar, voltado a desenvolver os valores latentes, incluindo o comando consciente de si mesmo. Eis a pauta para esta "transição".

Pela cultura do sofrimento, o espírita não é uma pessoa feliz, alegre, de bem com a vida; tem sempre presente a sua realidade de "grande devedor" que, por misericórdia divina, está tendo a oportunidade de carregar seu pesado carma, arrastando-o vida afora, e só a esperança de vir a ser feliz, depois que retornar ao mundo espiritual, lhe abranda as angústias interiores e ilumina as lágrimas que lhe escorrem pelo rosto.

Mas, será que Deus criou os seres para sofrerem?

Muitas pessoas terminam de cumprir seus "resgates cármicos" e continuam sofrendo pesadamente, porque cultivaram o sofrimento que permaneceu ativo em seus perispíritos. Então, carregados de achaques e problemas com a saúde, continuam a cultivar estados de espírito negativos, depressivos, lamentosos, gerando cada vez mais energias pesadas, num círculo vicioso que só se rompe com profundas mudanças internas.

Não vamos, pois, continuar impondo o peso do carma a nós mesmos, aos companheiros de ideal espírita, nem aos que transitam pelos nossos arraiais. Ao contrário, busquemos ajudá-los a se libertarem de todos os pesos desnecessários; a entenderem que a evolução é como uma caminhada em direção ao topo de alta montanha, e que ela pode ser feita com alegria no coração e com passos mais leves. Lembremos sempre de que a alegria é um verdadeiro elixir de vida, gerador de poderosas energias necessárias para sustentar nossa jornada e torná-la mais leve.

Disse, certa vez, um Espírito amigo, que o Evangelho é a mais alegre das filosofias e o maior dos sorrisos na história do pensamento humano.

Por que então nutrir sentimentos pesados, ou imaginar fardos cármicos e neles ficar presos pelos fios do pensamento?

Muito melhor e mais saudável é mudarmos nossa ótica, passando a ver o sofrimento como alavanca para a nossa evolução, como a necessária dor do crescimento espiritual. Com esse entendimento, podemos pegar nossas "penas", colocá-las em um saco florido, pintado com cores claras, jogá-lo às costas e partir para a vida, cantando a alegria de viver e de amar. É como podemos transformar o Centro Espírita num ambiente leve, num local alegre onde nos reunimos, não para pagar culpas, nem para ganharmos um lugar em Nosso Lar, mas para adquirirmos um pouco mais de luz, um pouco mais de valores, visando enriquecer nossa alma, promovendo assim nosso crescimento interior.

As responsabilidades que assumimos com o trabalho na seara espírita e o respeito que lhe devemos não precisam revestir-se com ar carrancudo, mas devem refletir-se em atitudes que iluminam, levantam, fortalecem, tornando o ambiente mais fraterno e mais feliz.

## PERDÃO

Outro entendimento a ser revisto é o do perdão, começando pela pergunta: Deus perdoa nossas faltas?

Deus perdoaria nossas faltas se de alguma forma elas O atingissem. Será que nossas faltas O atingem?

Poderíamos dizer que Deus nos perdoa, se acreditássemos poder Ele magoar-se ou aborrecer-se com os nossos erros. Se isto fosse possível, seria o maior magoado, o mais zangado, o mais aborrecido ser existente.

Certamente, o Criador está muito acima e muito além de se magoar ou se ofender seja lá pelo que for. Ora, se Ele nos criou e programou de tal forma a precisarmos passar por todas as fases da evolução, por todos os reinos da natureza e por todas as situações, vivenciando o bem e o mal, a fim de podermos fazer nossas escolhas, seria muito estranho que depois se aborrecesse por estarmos evoluindo de acordo com a programação que Ele próprio estabeleceu.

Podemos então concluir, com toda convicção, que Deus simplesmente não nos perdoa, porque nossos erros não O atingem. Ele nos ama, nos ajuda, nos compreende e nos dá sempre renovadas oportunidades de crescimento.

Nós, sim, precisamos aprender a perdoar, mas com um novo entendimento sobre as dimensões do perdão.

Normalmente, ao perdoarmos alguém, o fazemos com aquele sentimento de que estamos sendo caridosos. Isto é orgulho.

Mas, ao refletirmos sobre as dimensões maiores do perdão, e sobre a "atitude" de Deus para conosco, sem nos atrever a pretender imitá-Lo, podemos observar que aquele a quem estamos perdoando, também tem o direito de errar e de agir conforme solicite seu momento evolutivo. Assim, o perdão toma um caráter de entendimento, de compreensão, porque sabemos que a vida, nos seus percursos, irá conduzir o companheiro faltoso a experiências que o ajudem a pensar e agir de forma melhor.

Quando alcançarmos e aplicarmos tão elevado conceito, não teremos necessidade de perdoar, porque não ficaremos magoados, ressentidos, nem mesmo desgostosos com quem nos ferir. Então, será bem mais fácil entender o significado da frase: "A quem te bater na face direita, oferece também a esquerda".

Diz Miramez que os Espíritos superiores possuem uma serenidade imperturbável, fruto de um estado permanente de perdão pleno e incondicional.

Mas, enquanto não alcançamos tão elevado *status* espiritual, importa nos esforçarmos para perdoar, sempre que formos magoados ou ofendidos.

## PIEDADE, REVOLTA, OU...

Nos últimos anos, as maiores causas geradoras de emoções, encontram-se em duas vertentes: num lado, os sofrimentos;

no outro, as agressões de toda natureza. Não falamos daquelas geradas pelo mundo da ficção, mas das que ocorrem no cotidiano, que tomam de assalto nossos espaços interiores pelas antenas e páginas da mídia e pelo que anda de boca em boca. E essa carga emocional tem suas proporções multiplicadas quando a notícia traz a tiracolo o som e a imagem: você vê a ocorrência, a expressão, o olhar, e ouve os sons, a voz, o timbre da voz, etc. Assim, nosso íntimo vibra na piedade pelo acidentado, pelo faminto, pelo sem-teto, pelo injustiçado, pela criança abandonada... E, no momento seguinte, essa vibração transforma-se em revolta e indignação dirigidas ao autor ou autores da dor, ou seja, ao corrupto, ao perverso, ao injusto, ao agressor, ao que fomenta vícios, etc.

Pergunto: serão essas emoções benéficas ou maléficas?

Sabemos que toda emoção influi fortemente em nosso sistema hormonal, gerando saúde ou doença, bem-estar ou mal-estar, descarregando ou carregando corpo e alma de resíduos energéticos ou fluidos prejudiciais.

É inegável também que emoções de indignação e de revolta são fatores geradores de mudanças, por vezes extremamente necessárias, enquanto as de piedade são importantes para o desenvolvimento do amor, ainda tão escasso em nossas almas. Mas a piedade é irmã gêmea da revolta. Onde surge uma a outra se manifesta: piedade pelo sofredor e revolta pelo agressor, seja ele a própria vida, em seus múltiplos mecanismos.

Que fazer, então, para desenvolver o amor que nasce na piedade, e evitar a revolta que gera prejuízos ao corpo e à alma? Como deve agir o espírita nesses casos, com toda a bagagem de conhecimentos que já adquiriu e à luz dos exemplos de bom senso e equilíbrio deixados por Kardec?

A sugestão apresentada a seguir é muito simples:

Diante da situação ou da notícia que gera piedade, se puder fazer algo para aliviar, atenuar ou ajudar, faça-o com serenidade, sem desperdiçar energias com vibrações de piedade, reservando-as todas para a ação benfeitora. Caso nada possa fazer pelo sofredor ou necessitado, junte toda a sua emoção e transforme-a em irradiação de paz, harmonia, soerguimento, bom ânimo e força interior para que o caído levante e caminhe com os próprios pés. E aproveite esse momento, essa força benéfica que foi gerada, dirigindo-a também para a humanidade e para o nosso planeta.

Quando a situação ou notícia for de molde a gerar indignação ou revolta, se puder fazer algo para corrigi-la, faça. Não se omita. Mas, se nada puder fazer, arrebanhe toda a sua emoção, multiplique essa força e transforme-a em vibrações de paz, fraternidade, justiça, brandura, dignidade e amor, direcionando-a para o agressor e para toda a humanidade.

Se todos que concordam com essas ideias começarem a agir dessa forma a partir de agora; se muitos Centros Espíritas adotarem a prática de vibrações de paz, de fraternidade, de justiça, de brandura e de amor, direcionando-a para todos os agressores e para todos os seres humanos, no início ou encerramento das atividades, imagine quanta luminosidade estará sendo irradiada para a humanidade e para o nosso planeta.

Estamos em pleno Apocalipse, com a Terra envolta em sombras espirituais. Este é um momento de muita gravidade na história da humanidade, e a mente e o coração nos dizem que a primeira prioridade do espírita, ou daquele que sabe dessas coisas, é gerar luz, não apenas nos pequenos esforços habituais, mas numa autoprogramação de irradiação luminosa consciente, intensa e constante. Também é importante envolver outros companheiros nesta campanha, lembrando o quanto o Cristo recomendou acendermos nossas luzes.

Pergunto: Será que nossa função na Terra, como espíritas, restringe-se apenas às atividades habituais na instituição que frequentamos?

Certamente, nossa responsabilidade é muito mais abrangente, porém, às vezes, é preciso que alguém no-lo diga, seja um Espírito amigo nas caminhadas matinais, seja o "carteiro" que traz o recado nas páginas de alguma publicação, ou ainda de um texto perdido em algum canto do universo virtual.

Assim, você, amigo leitor, está sendo convidado a adotar essa sugestão de gerar vibrações luminosas para a Terra e a repassar essa ideia para outras pessoas, espíritas ou não, de quaisquer religiões ou mesmo de nenhuma, sempre que tiver oportunidade.

Como podemos perceber, é tempo de começarmos a desenvolver mais consciência crítica, a "mudar nosso olhar" naquilo que deve ser mudado e, nesse contexto, trabalhar intensamente pelo próprio crescimento interior e por todo o bem que pudermos fazer.

*Nos momentos de dificuldades, aflições ou lutas, entregue-se às mãos de Deus, que o assiste e conduz, mesmo sem você perceber. Essa atitude acalma, asserena e relaxa. Assim, com mais calma e confiança na ajuda divina, é possível receber mais claramente as orientações dos benfeitores espirituais e também ouvir a própria voz interior.*

# Capítulo 08

## A Compaixão e o Amor

Sugiro que faça a experiência indicada a seguir:

Observe alguma pessoa desconhecida, qualquer uma, e faça uma rápida análise sobre ela.

Em seguida, pergunte a si mesmo sobre o que percebeu. Certamente, observou se é alta ou baixa, gorda ou magra, bonita ou feia, se está bem ou mal vestida. Deve ter também observado se parece ser uma pessoa simpática ou antipática, "do bem" ou do tipo "mau caráter", etc.

Vejamos agora o que disse o Lama Padma Samten numa palestra no Fórum Espírita de Pernambuco (Forespe), em 2004, sobre a ***compaixão e o amor***, na forma como são entendidas pelo budismo. Já transcrevi esse trecho da palestra em outra obra, mas, pela pujança do seu conteúdo, senti imperiosa necessidade de voltar a ele, tendo em vista que, se conseguirmos vivenciar essa compaixão e esse amor de que fala o Lama, teremos alcançado o ápice da evolução espiritual desta etapa da nossa jornada:

"Digamos que alguém olha para uma planta que se encontra num vaso dentro da casa. Pelo olhar compassivo, em vez de observar se gosta dela ou não, pergunta como é que ela se sente sem a luz do sol, a água da chuva e sem as suas plantas amigas e companheiras.

Quando olhamos uma planta, pensando se gostamos ou não, nossa mente opera obstruída pela sensação de gostar ou não gostar.

Uma inteligência maior é olharmos para aquela planta perguntando do que ela necessita. E mais do que isso, nós podemos olhá-la e ver com os olhos do bom jardineiro quais as flores e frutos que essa planta tem escondidas dentro dela, e que ela mesma não sabe.

(...) Olhar o outro e ver o que afeta a existência dele, para nos manifestarmos de forma positiva para remover os obstáculos, isso é compaixão. Para promover as qualidades positivas, isso é amor.

Através de cinco cores, nós podemos praticar a compaixão.

A primeira é ***o azul***. Através dessa cor, nós olhamos para o outro e o acolhemos, e também perguntamos quais as flores e os frutos escondidos nesse ser.

Temos a compaixão ***amarela***, de um amarelo-dourado, que significa generosidade, riqueza, meios. Então, quando vamos ajudar alguém, nós podemos não somente ouvi-lo, entendê-lo, aspirar ao bem, mas podemos eventualmente fazer algo mais.

Vamos supor, como acontece lá no Sul de tanto em tanto, que o rio subiu e a casa foi destruída. A gente pode visitar o desabrigado e dizer: "Você não se preocupe tanto... isto passa". É uma boa ajuda, mas com a cor amarela podemos auxiliar para que passe mais rápido, oferecendo um suporte prático.

Depois temos a cor ***vermelha***, que simboliza o eixo. Ela vem da sedução, daquilo que nos encanta. Então, que possamos produzir no outro um encantamento positivo, um eixo positivo. Assim, a cor vermelha vai nos ajudar a dizer àquela pessoa que é melhor não reconstruir a casa no mesmo lugar porque o rio pode subir de novo. Dessa forma, muitas vezes não basta que a gente ajude o outro a reconstruir, mas que o ajude a fazê-lo numa situação melhor. Para isso precisamos da sabedoria dos eixos. Para os nossos filhos não podemos abdicar disso. Não precisamos impor os eixos, eles não são impostos. Mas se dissermos "eu não devo ajudar o outro a criar uma estrutura positiva, um referencial positivo", estaremos nos omitindo, e isso seria uma atitude sem compaixão.

Então, é muito necessário que a gente repita as palavras dos grandes mestres, que viva essas palavras, estude isso e entenda, e possa ajudar os outros a compreender como viver melhor. Se não ajudarmos ou outros nesse sentido, isso será uma falha da nossa compaixão.

No entanto, não bastam essas três formas.

Há um momento, em que vemos uma criança puxando uma toalha com uma leiteira de leite fervente em cima. Se não gritarmos, a criança puxa e se queima. Quando gritamos, nós não nos opomos à criança. Nós estamos a favor dela.

Quando dizemos "não faça isso", nós interrompemos uma ação negativa. Então, muitas vezes é necessário manifestar o que se chama a cor ***verde***. No budismo isso é chamado "a família karma", onde vemos a negatividade surgindo e a obstruímos. Nós nos impomos diante da negatividade, interrompendo-a. Não somos contra a pessoa, somos a seu favor.

E há ainda a cor ***branca***, a culminância da compaixão, porque ainda que eu acolha, ainda que propicie meios, ainda que ofereça eixos, ainda que obstaculize a negatividade, se não revelar a natureza ilimitada, não tive a compaixão, a generosidade, a amorosidade de descobrir essa natureza ilimitada e oferecer às outras pessoas, então as outras compaixões são muito menores, são quase sem sentido.

O que dá sentido à vida é que todos marchamos para a consciência da natureza última e vivemos inseparáveis disso. A nossa vida não teria culminância, não teria completude, sem a cor branca em que nós reconhecemos a natureza ilimitada. Então, a compaixão maior é podermos oferecer aos outros essa natureza."

Vimos, nessa forma do budismo compreender a compaixão e o amor, o quanto podemos evoluir mudando o "olhar" com que vemos os outros, todos os outros.

Analisemos mais um pouco essa ótica budista sobre as cinco cores da compaixão. Certamente essa virtude não tem cores, mas elas nos ajudam a desenvolvê-la.

A cor ***azul*** é a do acolhimento. É quando olhamos para alguém e o acolhemos sem nos ocupar em analisá-lo.

Sugiro que faça outra experiência:

Observe alguma pessoa desconhecida, qualquer uma, e, ao invés de olhá-la de maneira crítica, faça-o com o "olhar do bom jardineiro", e, mesmo se for uma pessoa de má catadura, com cara de malfeitor, ou alguém desagradável, cuja presença lhe cause desgosto, lembre-se de que, na intimidade dessa pessoa, do Espírito dela, também vibra a centelha divina do Criador.

Então, simplesmente, acolha-a no seio da sua afeição, perguntando a si mesmo quais flores e frutos se encontram escondidos nesse ser. Se for alguém de má catadura, ou um tipo desagradável, pense num cacto, sem graça e cheio de espinhos, mas lembrando que em sua intimidade vibra a energia das flores que surgirão mais cedo ou mais tarde.

Observe como o seu próprio astral melhorou, ficou mais leve.

Ao nos afeiçoarmos a esse tipo de olhar, transformando-o em atitude habitual, poderemos observar o quanto ganhamos em evolução espiritual.

Mas é necessário observar também a compaixão nas demais cores.

O ***amarelo*** significa generosidade, riqueza, meios, ou seja, devemos ser generosos tanto em dar apoio moral, como também oferecendo um suporte prático. Mas em qualquer situação é necessário sempre usar de prudência, para evitar possíveis inconveniências, entretanto essa prudência jamais deve ser uma pedra no caminho da nossa generosidade.

O ***vermelho*** oferece um eixo positivo. É quando podemos ajudar os outros a compreender como viver melhor.

O ***verde*** é quando nos impomos diante da negatividade, interrompendo-a.

O ***branco*** refere-se à Natureza Ilimitada, ou seja, Deus. Conforme disse o Lama, nossa vida não teria culminância, nem completude, sem a cor branca em que nós reconhecemos a natureza ilimitada. Então, a compaixão maior é podermos oferecer aos outros essa natureza.

*Na intimidade do seu Espírito vibra a presença de Deus. Sinta a profunda harmonia, a paz e o amor que emanam dessa presença e vá ampliando essa vibração até ocupar todo o seu ser.*

*Amplie ainda mais essa maravilhosa vibração de amor e de paz, levando-a para além do seu corpo, formando em torno de você uma poderosa aura protetora.*

# Capítulo 09

## Merecimento, ou Evolução Espiritual?

Já procurou, prezado leitor, refletir sobre a diferença que há entre merecimento e evolução espiritual, e sobre quanto isto pode afetar nossa programação reencarnatória?

Adquirimos ***merecimento*** pelas ações que realizamos em benefício de outrem, do meio ambiente, do planeta, entre outros.

Muitas vezes, frequentamos o Centro, colaborando em tudo que podemos; fazemos caridade e o que estiver ao nosso alcance para divulgar a Doutrina Espírita, e achamos que estamos em dia com nossas obrigações evolutivas, mas, tal postura é idêntica à das tantas religiões, cujos fiéis se acham em dia com Deus ao comparecerem sistematicamente às suas igrejas, pagarem dízimos, etc.

O merecimento pode nos facultar auxílios diversos, inclusive por ocasião de nosso retorno à dimensão espiritual, mas só a evolução nos permite ascencionar a faixas mais elevadas, libertando-nos, aos poucos, da necessidade de reencarnar num mundo como o nosso. Portanto, a finalidade mais importante da reencarnação, certamente é a evolução espiritual.

Mas o que é exatamente ***evolução espiritual***? Ela está em tudo que conseguirmos mudar para melhor em nossa personalidade. Está na aquisição de amor, de conhecimento e de sabedoria; está no desenvolvimento dos nossos poderes mentais e espirituais a caminho do comando consciente de nós mesmos. Não é obrigação a nós imposta, mas deve ser aquele movimento do nosso Espírito impulsionando-nos às transformações internas e ao crescimento espiritual.

Recebemos diuturnamente uma enxurrada de mensagens, convidando-nos e até mesmo convocando-nos às tão necessárias transformações interiores. Elas nos chegam por meio de leituras, de palestras, pela Internet, etc. Nesses momentos, nos dispomos, de coração, a realizar tão difícil tarefa, mas como vigiar-nos de forma a podermos sustar o gesto, a palavra, a emoção, ***antes que aconteçam***? Então, quando menos esperamos, percebemos que acabamos de fazer o gesto, de dizer a palavra, ou de deixar vibrar a emoção que pretendíamos eliminar de nossa vivência, e nos sentimos frustrados e desanimados. Em outro capítulo, damos algumas sugestões sobre como agir com relação a isso.

Porém, existem outros aspectos dessa questão que merecem consideração.

Muitas vezes, no afã de buscar autoconhecimento, focamo-nos tanto na identificação das nossas virtudes e mazelas que acabamos por estabelecer parâmetros comparativos para avaliar nossa condição evolutiva. Com isso, acabamos construindo um olhar crítico, e esse olhar não se limita a nós mesmos, porque, mesmo sem perceber, sempre olharemos os outros, buscando as comparações de que precisamos para nos orientar. Essa é uma postura que tem gerado uma espécie de competição evolutiva, tanto entre nós mesmos, quanto em relação aos membros de outras crenças.

Ocorre, também, que muitos veem o autoconhecimento como a busca aos valores negativos, com a finalidade de combatê-los. Porém, refletindo mais profundamente, vamos perceber que o mais importante não é a identificação do que há de errado em nós, mas sim o garimpo das nossas qualidades. Se olharmos apenas para o nosso lado escuro, vamos ficar sempre tateando nas sombras. Em compensação, valorizando nosso lado positivo com a devida humildade, estaremos nos auto-incentivando para desenvolvê-lo cada vez mais.

Se estamos transitando para um novo tempo, devemos deixar o sol desse dia nascente começar a iluminar o nosso interior.

*Se você tem um inimigo, lembre-se do que disse o Mestre: "Perdoa 70 vezes 7". Este é um conselho mais científico do que místico, porque o estado de perdão pleno e incondicional anula os efeitos de vibrações pesadas emitidas contra nós. O perdão e o amor geram um campo magnético de poderosas energias positivas que elevam nosso teor vibratório, colocando-nos fora da sintonia e do alcance de vibrações maléficas.*

# Capítulo 10

## Despertando a Luz Interior

Passam séculos e reencarnações. Somam-se milênios. Mas, nossos ganhos evolutivos não acompanham a marcha do tempo e, agora, já no encerramento deste ciclo planetário, precisamos realizar verdadeiras transformações interiores para dar um salto em nossa evolução. Isso é necessário, se quisermos acompanhar o progresso do nosso planeta, em transição para novo modelo.

Mas, para dar esse salto tão necessário em nossa evolução espiritual, é preciso realizar uma transformação profunda, não de superfície. É preciso mudar nossa índole animal-primitiva, que é orgulhosa, antifraterna, raivosa, julgadora, discriminadora, egoísta, dominadora, etc., mas, isto só se consegue mediante muito esforço, conduzido de forma sistemática e com tenacidade.

Será que os grandes seres, como Francisco de Assis, Bezerra de Menezes e outros que tanto admiramos, alcançaram o grau espiritual no qual se encontram apenas como resultado de uma evolução natural?

Certamente, eles atingiram tão elevado "status" espiritual mediante muito esforço, num contínuo trabalho interior, como operários de si mesmos, de suas próprias construções evolutivas, num trabalho constante de crescimento e de aprimoramento.

E quanto a nós? Não estará este momento de transição a nos solicitar maior empenho em nossas próprias reformas e aprimoramento interior?

Quando alguém quer passar no vestibular ou num concurso, só o conseguirá com muita dedicação e esforço. Nós também – pelo menos a maioria na qual me incluo –, se quisermos passar neste vestibular planetário, precisamos de uma firme decisão e de constante dedicação.

Em Mateus, cap. 12, vers. 34, Jesus disse que a boca fala do que o coração está cheio.

Ora, se nossas ações são reflexos do nosso ambiente íntimo, ao se mudar o ambiente, as ações e as atitudes também mudam.

Em 2005, os benfeitores espirituais nos apresentaram a ideia de uma agenda, focada em estados de Espírito. Trata-se de um programa que ***facilita e simplifica a evolução espiritual*** e que recebeu o título *Agenda Mínima para Evoluir*.

Essa agenda apresenta como um dos seus diferenciais a priorização da ação evolutiva a partir dos estados de espírito. Isto é muitíssimo mais fácil e mais produtivo do que ficar vigiando cada pensamento, palavra, sentimento e ação.

É importante lembrar também que apenas praticar ações virtuosas é algo superficial, não muda estruturas, mas desenvolver estados de espírito é ***trabalhar os valores correspondentes, em sua profundidade***. Significa que teremos ganhos reais em nossa evolução.

Mas há, também aí, um grande entrave, o esquecimento. Geralmente só nos lembramos de nossos propósitos evolutivos depois de os termos descumprido. Então, para facilitar, mais adiante daremos algumas sugestões para ajudar a gerar essa tão preciosa memória.

A seguir, apresentamos um ***resumo*** dessa *Agenda*, mas quem quiser ler o texto completo pode encontrá-la na Aliança Distribuidora e Editora de Livros Espíritas (SP).

## RESUMO

A *Agenda Mínima para Evoluir* é um programa cujo diferencial é a priorização da ação evolutiva a partir dos ***estados de espírito***, que são o fundamento de todos os nossos movimentos de vida. Cuidando desse "clima interior", estaremos transformando, pouco a pouco, nossa própria índole, passando a vivenciar atitudes mais condizentes com o conhecimento espiritual que já alcançamos e com o nosso momento evolutivo.

Outro diferencial é o fato de ela resumir todo o processo de crescimento interior ou evolução espiritual, que demandaria um número infinito de ações, em apenas ***cinco pontos***: quatro representam estados de espírito e um é um atributo da mente.

Vejamos quais são esses cinco pontos dessa agenda:

AFETIVIDADE – Sendo o amor o maior dos valores da alma, o afeto é o ***primeiro ponto*** a ser considerado. Vivenciá-lo, é caminhar para a amorosidade, no rumo do amor universal, a grande meta em nossa evolução espiritual.

Entendemos que há diferenças entre afetividade e amorosidade. A primeira se direciona a pessoas. Sentimos afeto por alguém, mas seria difícil entender que sentimos afeto por uma pedra ou por uma nuvem. Já a amorosidade é um sentimento contínuo, uma fonte interior, cuja vibração se extravasa de nós sem um direcionamento específico. É uma qualidade que, em se fortalecendo, assume características de amor universal.

Neste trabalho, conforme o caso, falamos em afetividade, em amorosidade ou em amor universal.

A fim de ter uma ideia sobre a força e a importância da amorosidade, você pode fazer o seguinte:

Quando estiver irritado ou descontente, ou mesmo em seu estado normal, comece a desenvolver um sentimento de amorosidade por si mesmo, começando pelos pés até chegar à cabeça.

Em seguida, sinta amor pela sua roupa, pelo seu ambiente, pelas pessoas que se encontram no seu entorno. Lembre-se de que nesses momentos você deve ser uma fonte a irradiar esse sentimento, não importa que tipo de pessoas ali se encontrem.

Depois, vá ampliando essa vibração amorosa para sua cidade, para seu país, para a humanidade e para o nosso planeta.

Observe o quanto esse sentimento de amorosidade lhe fez bem.

Devemos lembrar também que as vibrações de amor e de fé incomodam os inimigos da luz. Então, para mantê-los afastados, é necessário que a nossa vibração preponderante seja de amorosidade, sobre o alicerce da fé.

André Luiz, em suas narrativas, cita várias situações nas quais alguma falange de Espíritos passava rapidamente por seu grupo e eles a reconheciam como sendo de Espíritos do bem, simplesmente pela vibração que emitia.

> *Ação: Desenvolver sempre um estado de espírito amoroso. No começo pode parecer difícil, mas dando-se continuidade, esse valor vai sendo internalizado, passando a fazer parte da própria natureza.*

Alteridade – Resumidamente, podemos dizer que ela representa o respeito que devemos ter para com todos, além da disposição para aceitar e aprender com os que são diferentes de nós. É também a construção da fraternidade, apesar das divergências, respeitando-as e procurando aprender com as diferentes opiniões. Mas não significa deixar de discutir, debater, questionar. A discussão, o debate e o questionamento são saudáveis quando se respeita o outro, a sua maneira de ser e de pensar. A alteridade é, sem dúvida, o veículo que ajudará a conduzir a humanidade para a tão esperada nova era.

A pessoa alteritária não se acha a dona da verdade.

Quanto ao movimento espírita, disse Bezerra de Menezes, em mensagem publicada no livro *Seara Bendita*: "A diversidade é uma realidade irremovível da Seara e seria sinal de utopia e inexperiência tratá-la como 'joio'. É imprescindível propalar a ideia do ecumenismo afetivo entre os seareiros, para que a cultura da alteridade seja disseminada e praticada no respeito incondicional a todos os segmentos."

De fato, para um bom convívio entre os espíritas, é imprescindível haver alteridade, porque ela favorece a pacificação, o bom entendimento (não fingido) entre grupos e pessoas, um relacionamento maduro, fraterno e respeitoso.

Além disso, a cultura da alteridade nos favorece um ambiente interno de leveza, harmonia e bem-estar, porque nos habilita a olhar a tudo e a todos com bons olhos.

Muitas vezes, em nossa cultura não alteritária, olhamos para o outro com olhar que se detém em seu lado negativo, ou seja, naquilo que a nossa ótica possa condenar, achar errado e criticar. Assim, mesmo sem perceber, estamos nos erigindo como modelos e descartando ou minimizando aqueles cujos valores sejam diferentes dos nossos.

Atitudes assim pesam em nossa evolução, atrasando-a, e atuam como verdadeira indústria de energias negativas, ao passo que uma postura alteritária gera energias mais leves, benfazejas. Quer comprovar? Faça uma experiência: olhe para qualquer pessoa procurando ver nela alguém que traz em si, em sua individualidade, conteúdos adquiridos em longas jornadas reencarnatórias, marcadas por dores e alegrias, ora como vítima, ora como algoz, aprendendo no bojo do tempo e das experiências os valores que hão de predominar no seu futuro, próximo ou distante. Veja nessa pessoa, seja ela quem for, uma vida em crescimento, com suas sombras e sua luz, com todo o direito de vivenciar suas experiências como melhor entender. Mas veja nela também um caminhante-irmão nos longos percursos cósmicos, tão amado e tão assistido quanto você mesmo pelos "poderes mais altos". Olhe-a com respeito e procure sentir como o amor universal está presente em tudo e em todos, em você e nela.

Observe, em seguida, o quanto essa forma de ver o outro lhe fez bem; perceba como faz bem se sentir partícipe da vida e do universo, caminhando lado a lado com os demais, respeitando a todos em suas diferenças.

Depois, olhe para alguma pessoa (pode ser a mesma) com aquele olhar crítico que classifica, julga, seleciona e discrimina, quando entende que deve fazê-lo. Teça suas críticas e emita seus julgamentos mentalmente, vendo-a pela ótica discriminatória e, a seguir, observe o ambiente íntimo que criou para si próprio.

Assim, é possível imaginar o tipo de ambiente que é criado onde a alteridade não está presente.

> *Ação: Estar alerta para essa mudança de olhar, e, mesmo discordando, respeitar sempre o outro, suas ideias, sua maneira de ser, de pensar e de agir.*

HUMILDADE – É uma virtude muito decantada, mas geralmente fazemos dela uma ideia bem distorcida. A maioria das pessoas acha que ser humilde é andar mal vestido, evitar locais elegantes ou suntuosos, falar com voz de pedinte, etc. Outros entendem que significa baixar a cabeça para os insultos, as ofensas, os desaforos que nos digam, fazendo de conta que são merecidos e, por isso, temos de recebê-los calados e humilhados.

Certamente, temos em Jesus o grande modelo de humildade. Ele exortou: "Aprendei de mim que sou manso e humilde de coração".

Porém, o Mestre nunca baixou a cabeça em gesto de humildade nem ergueu-a mostrando orgulho, porque estava acima disso. Ele foi firme, forte e viril sempre que se tratou da Doutrina que veio ensinar; imprecou contra a hipocrisia, os vícios e o desamor com toda a força moral da sua grandeza; diante de Pilatos e de todos que O acusaram, manteve-se silencioso e absolutamente sereno, sem arrogância e sem os gestos e a expressão que normalmente atribuímos à humildade. Aquelas acusações e imprecações simplesmente não O alcançavam. Sem dúvida também não sentiu pena de si mesmo por estar ali suportando tudo aquilo, como também não se sentiu vaidoso por estar exercendo Sua grandeza espiritual. Estava, apenas, inabalavelmente sereno.

Os nossos gestos ou expressão de humildade muitas vezes mascaram a intenção de esmagarmos o outro com tal demonstração, quando não, a de mostrarmos ao mundo que somos virtuosamente humildes.

A forma como reagimos nas mais variadas situações, quando, por exemplo, nos acusam injustamente e entendemos não valer a pena suscitar uma discussão para provar isto ou aquilo, ou quando alguém nos agride com desaforos e por alguma razão preferimos nos calar, esse calar, a forma como o fazemos, como nos sentimos nesse momento, as nossas reações ou não reações interiores podem nos ajudar a entender o que é humildade e se estamos realmente sendo humildes. Parece-nos também que ela não precisa ser necessariamente um ato que fira a nossa sensibilidade, ou nos esmague a dignidade.

Pode-se dizer que a humildade é uma percepção clara da nossa real condição, nem para mais, nem para menos.

Se for para mais, nos levará ao orgulho, porque pensar que somos superiores ou mais evoluídos do que nossa realidade, acarreta envaidecimento. Pela nossa pouca evolução, estamos ainda muito predispostos a cair nessa ilusão. Inúmeras narrativas que chegam por meio da mediunidade informam que os Espíritos superiores sempre procuram ocultar a sua grandeza espiritual, quando diante de outros não tão elevados quanto eles. Quanto à maioria de nós, se entendemos ter alguma grandeza a ocultar, sempre encontramos um meio de deixar algo à mostra, para não perdermos a ocasião de nos sentir admirados pela nossa "grandeza". Haja vaidade!

Mas, forçar nossa percepção para menos também é ruim, porque nos levará a uma situação irreal e à diminuição da nossa autoestima, o que é prejudicial para nossa vida e evolução.

A verdadeira humildade é construída sobre o alicerce do amor e da compreensão, que geram serenidade, aliada ao respeito para com o próximo, mesmo quando estiver errado.

*Ação: Assumir sempre uma postura de humildade, observando suas verdadeiras características.*

Contentamento – É importantíssimo desenvolver os valores que nos tornam pessoas melhores, presenças benéficas. E quanto a nós para com nós mesmos? O que fica faltando para alcançarmos a plenitude? Certamente ela está no coroamento dos valores da alma, ou seja, no contentamento, que é nossa vibração de vida.

Pense numa pessoa afetuosa, alteritária, que já tenha adquirido os valores da humildade, mas é triste, desalentada, e vive arrastando sua cruz vida afora. É como um pássaro de uma só asa. Como levantar voo para novas conquistas espirituais, quando falta esta seiva de vida, o contentamento?

Os seres espirituais de elevada condição irradiam alegria. Sua presença infunde inusitado júbilo nas pessoas que possuem maior sensibilidade; é uma sensação maravilhosa de plenitude. Tudo se transforma em infinito contentamento, em puro júbilo que vibra em cada célula e em cada neurônio. É como se ficássemos "cheios de Deus".

O contentamento, na verdade, é uma elevada aquisição que podemos ir conquistando passo a passo, aproveitando todos os momentos para senti-lo, desenvolvendo-o em nossa intimidade.

*Ação: Procurar manter sempre um estado de espírito contente, mesmo que acredite não ter razões para isso. Aproveitar todos os momentos propícios para ampliar as vibrações de contentamento, de alegria sã, e guardá-las no mundo íntimo.*

EQUILÍBRIO – Esse é um valor que complementa todos os outros, dando-lhes um eixo. Não é estado de espírito, mas, atributo da mente e um dos mais importantes valores do ser racional, já que possibilita maior número de acertos, e evita muitas quedas. É irmão gêmeo da sabedoria.

Nos quatro pontos apresentados, que representam estados de espírito, o equilíbrio deve sempre estar presente:

Na *afetividade,* norteando nossos envolvimentos, de forma a não transformá-los em algemas, ou em dependência de qualquer natureza.

Na *alteridade,* orientando nossas reflexões, discussões e decisões com serenidade, isenção de ânimo e maturidade, possibilitando gerar as mais acertadas conclusões.

Na *humildade,* dando suporte necessário, para não cairmos nos extremos, sempre prejudiciais.

No *contentamento,* evitando exageros e desnecessárias exibições.

Em todos os atos e passos do nosso existir, o *equilíbrio* é valor fundamental, por nos proporcionar um alicerce necessário ao correto entendimento de tudo. Representa a maturidade despontando em quem o possui.

Ocupando-nos, pois, em cuidar do nosso "clima interior", desenvolvendo e mantendo os estados de espírito propostos nesta agenda, estaremos dando passos importantes em nossas transformações interiores, agilizando nossa evolução espiritual.

Há, no entanto, um grande entrave às nossas aspirações de crescimento espiritual, o esquecimento. Geralmente, só nos lembramos dos nossos propósitos evolutivos depois de os termos descumprido.

Mas, vejamos o que aconteceu com Romano.

*Induza seu coração a irradiar afetividade sempre, principalmente para as pessoas desagradáveis e antipáticas. São as que mais necessitam dessa doação.*

# Capítulo 11

## O Vale Dos Prepotentes

*O conto a seguir é baseado em fatos reais.*

Romano decidiu-se: iria iniciar, de fato, a reforma interior.

Vinha pensando nela desde que se tornara espírita, há mais de quinze anos. Lembrava-se dela sempre que ouvia alguma palestra ou lia algo sobre o assunto e dizia a si mesmo: "Eu preciso realmente me corrigir em muitas coisas, principalmente no que diz respeito à prepotência, que é o meu pior defeito".

Mas os turbilhões da vida envolviam essas decisões nas brumas do esquecimento e, somente depois de novos atos ou atitudes marcadamente prepotentes, Romano se dava conta de que continuava o mesmo.

O sonho que tivera naquela noite, porém, fora decisivo. Via-se perambulando pelo Umbral, em ambientes horríveis, assustadores, e trazia no pulso um estranho bracelete com uma plaqueta de identificação, na qual estava escrito: "Vale dos

Prepotentes". A angústia que sentia era medonha, e o medo terrível que o dominava deixava-o inerte diante dos monstros que o cercavam, demonstrando intenção de levá-lo ainda mais para baixo, para zonas ainda mais tenebrosas. Despertou todo trêmulo, suando frio, e custou-lhe bastante entender que se tratara de um sonho.

Não. Decididamente, não iria parar naquele horrendo lugar, depois que desencarnasse. Cuidaria de corrigir-se quanto à prepotência, a partir daquele momento. Seria a sua prioridade absoluta.

Passou, então, a pensar no assunto, a meditar sobre ele, a analisá-lo, até concluir que o problema, a dificuldade, estava na memória... Ou na falta dela. Era preciso algo que pudesse lembrar-lhe continuamente sua decisão, sempre ANTES de praticar a prepotência, a fim de poder frear-se a tempo porque, depois de praticada, só lhe restaria o arrependimento e novas promessas a si mesmo, novamente descumpridas.

À sua mente voltou com insistência a cena do sonho e, particularmente, aquele estranho bracelete de identificação, como se ali estivesse a chave da questão.

Quase deu um pulo quando uma ideia surgiu em sua mente. Saiu correndo e foi a uma loja de bijuterias onde comprou um bracelete, desses que têm uma plaqueta para gravar o nome. Pensou em mandar gravar os dizeres "Vale dos Prepotentes", mas desistiu de imediato, pois o que mais queria era permanecer o mais longe possível daquele lugar, e resolveu deixar o bracelete sem qualquer inscrição. Não seria necessária.

Na rua, achou-se um tanto esquisito e mesmo ridículo com aquele objeto no pulso, mas lembrou que qualquer sacrifício seria válido para escapar ao tenebroso vale.

Na manhã seguinte, ao sair para o trabalho, teve de correr quase dois quarteirões para apanhar o ônibus, que cortara caminho.

Indignado, ao pagar a passagem, dirigiu-se ao cobrador com aquele ar de superioridade que tão bem sabia ostentar:

— Por que vocês resolveram cortar caminho, passando longe do ponto?

Ia dizer mais algumas "verdades", mas, ao levantar a mão para segurar-se, sentiu o bracelete e lembrou-se de seu propósito, da sua prioridade, escapar ao Vale dos Prepotentes.

Enquanto isso, o cobrador respondia que o caso era com o motorista, cujos cabelos grisalhos podia ver do local em que se encontrava.

Para amenizar, comentou, procurando levar na brincadeira:

— É... Vai ver ele está tão velho e cansado que resolveu encurtar a viagem.

Encontrou um assento vago, próximo ao motorista. Sentia-se indignado. Aquele homem não tinha o direito de cortar caminho e deixar pessoas esperando no ponto ou fazê-las correr atrás do coletivo.

Mas o contato da pulseira com a pele do braço formava uma espécie de elo psicológico com o propósito que fizera. Amansou o tom de voz e procurou fazer a pergunta com o máximo de gentileza:

— Que foi que houve para o senhor cortar caminho?

Já era um grande avanço porque, antes, teria logo começado a vituperá-lo pela falta de consideração para com os usuários.

O interpelado olhou para ele, sorriu com simpatia e respondeu:

— É que tem uma carreta atravessada na rua de cima e não está dando para passar por lá.

Romano sentiu-se envergonhado, muito envergonhado. Julgara o motorista, considerando-o displicente e irresponsável. Mas aquele homem de cabelos grisalhos, sob o peso dos anos, precisando ainda trabalhar, sorrira-lhe com ar sincero e fraterno, dando a explicação.

A diferença entre os dois fez Romano pensar. Ele, todo prepotente, achava-se cheio de direitos, e o motorista, apesar da idade e dos desgastes naturais, é que lhe dava explicações com amabilidade.

Pensou ainda nas vibrações pesadas que certamente enviara àquele homem, por intermédio do pensamento e dos sentimentos antifraternos. Rapidamente modificou seu estado de espírito e passou a enviar-lhe vibrações positivas, benéficas, desejando-lhe sinceramente saúde, prosperidade, bem-estar...

Romano passou o restante do trajeto a meditar no ocorrido, analisando a si mesmo, as suas posturas, de forma tão sincera e profunda como jamais fizera. Percebia, com extrema clareza, que cuidar da reforma íntima precisa estar entre as principais prioridades de quem realmente deseja realizá-la; que seria necessário pensar nela continuamente, da mesma forma como costumamos pensar em algo que estamos planejando executar. Isto deve gerar memória e, com ela, aquele "censor interno" que nos alerte sempre que estejamos a ponto de cometer o indevido. Essa censura antecipada é justamente o mecanismo de que precisamos a fim de poder sustar nossas disposições negativas, ANTES que aconteçam.

Num impulso incontido, beijou o bracelete, feliz e aliviado. Agora tinha certeza de que, com o suporte desse lembrete, conseguiria se corrigir ou pelo menos atenuar significativamente a sua prepotência. Havia encontrado um roteiro e estabelecido um programa que, por certo, iria livrá-lo de um estágio no Vale dos Prepotentes, depois que desencarnasse.

*Pare por um minuto o que estiver fazendo agora.*
*Respire fundo algumas vezes para harmonizar os ritmos internos e relaxar.*
*Conecte-se às Forças Cósmicas da PAZ e peça para envolverem a Terra, vibrando paz em todos os corações.*
*Sempre que dispuser de um minuto... ou de trinta segundos... ou de apenas dez segundos, repita esse procedimento, esteja onde estiver. É bom para a Terra... É excelente para você.*

# Capítulo 12

## Como Gerar Memória

Nos esforços que fazemos para evoluir, um dos mais importantes passos está em ***alicerçar*** nossos estados de espírito com afetividade e amorosidade, a caminho do amor universal.

Importante observar que a amorosidade ***inibe*** manifestações de orgulho e de discriminação, além de gerar alegria, numa ajuda importante para a vivência dos demais valores. Isto é fácil de verificar, quando nos sentimos em presença de algum Espírito superior. É uma presença que nos envolve num ambiente de amor infinito, no qual não coexistem sentimentos contrários às leis maiores, além de proporcionar uma alegria sem limites.

Mas, como ainda somos vulneráveis aos sentimentos inferiores que ainda não conseguimos eliminar, é preciso cuidar também dos demais valores, tais como, a humildade, a alteridade, o equilíbrio, etc.

Há, no entanto, um grande entrave às nossas aspirações de crescimento espiritual, o esquecimento. Geralmente só nos lembramos dos nossos propósitos evolutivos depois de os termos descumprido.

Ora, se o problema está no esquecimento, a solução está em criar lembretes, que são uma forma de gerar memória, de ter em mente, de lembrar-se sempre de agir conforme o propósito feito a nós mesmos. Com o tempo, tais solicitações à memória se transformam em hábito.

Lembre-se, no entanto, de priorizar sempre a ***amorosidade***, ao se organizar para gerar essa memória.

## Sugestão de lembretes para gerar memória:

01 – A exemplo do que fez Romano, adquira uma pulseira, dessas nas quais se grava algo e, se possível, grave nela a palavra que indica o valor que deseja desenvolver. Digamos que seja a ***humildade***. Condicione-se, então, a desenvolver esse sentimento sempre que olhar para ela ou senti-la em seu braço.

Ao invés da pulseira, você pode também usar uma fita ou fazer uma trancinha de cordõezinhos para prender no pulso e, enquanto estiver trançando, fique mentalizando o seguinte: "sempre que eu olhar para esta pulseirinha ou senti-la no meu braço, vou me lembrar de desenvolver humildade". Para esse lembrete, o importante é que seja algo não usual, que chame sua atenção sempre que olhá-lo ou senti-lo.

02 – Escreva num pedaço de papel o valor que deseja desenvolver. Amasse-o e o coloque no bolso ou bolsa. Assim,

sempre que botar a mão no bolso ou bolsa, e sentir ou ver aquele objeto estranho, se lembrará de sua decisão e terá a oportunidade de assumir a postura indicada.

03 – Faça pequenos cartazes sobre o valor em pauta e os afixe no seu entorno, em casa, no ambiente de trabalho, onde puder.

04 – Programe lembretes no computador, no celular, etc.

Usando de criatividade, você consegue meios de sempre lembrar-se de desenvolver os estados de espírito que desejar.

Com relação à *Agenda Mínima*, se esforçar-se de fato, se priorizar a geração de memória e conseguir desenvolver os estados de espírito propostos, verá que conseguiu dar um verdadeiro salto evolutivo em seu crescimento espiritual. Mas nunca se acomode, porque não é de uma hora para outra que conseguimos mudanças profundas e duradouras em nossas estruturas internas. Esse primeiro passo é o mais difícil, mas, tendo-o conseguido, basta dar-lhe continuidade.

Agora, companheiro de ideal, se está querendo dar um salto em sua evolução espiritual, é só decidir-se a iniciar um programa evolutivo, dando-lhe total prioridade.

Verá, com os resultados obtidos, que realmente VALE A PENA.

*Desenvolver e manter boa frequência vibratória no curso das horas, eis uma importante meta a ser alcançada nesta fase de transição planetária.*

# Capítulo 13

## Comando Consciente De Nós Mesmos

Nos mais diversos meios nos quais as pessoas desejam evoluir, tem-se falado muito em autoconhecimento. Comecemos agora a falar em autocomando, aquisição essencial tendo em vista o novo período para o qual já estamos transitando.

Temos sido seres levados por impulsos, sempre sujeitos ao comando do homem velho que nos domina. Esse domínio entrava nosso crescimento, gerando diversas dificuldades neste caminho de retorno ao Pai.

Mas, agora, no limiar de uma era nova, importa buscar novas metas, métodos e metodologias a nortearem nossos esforços de crescimento.

Uma dessas metas novas a serem buscadas, talvez a mais importante, está no autocomando.

Em nossa mente, temos poderes fabulosos em latência; então, se começarmos a procurar entendê-los, conhecê-los (ao menos até os limites da nossa capacidade) e utilizá-los em benefício da nossa evolução, os ganhos serão extraordinários.

Certamente, no que se refere ao conhecimento e à aplicação dos recursos da mente e do Espírito, não existem receitas prontas. Cabe a cada interessado mergulhar dentro de si mesmo, de modo investigativo, observando, analisando, criando e experimentando procedimentos, visando encontrar meios que poderão ir capacitando-o a autocomandar-se.

Porém, sempre podemos ter indicações, algumas orientações, um apontar de rumos, que por vezes nos são oferecidos pelos que caminham adiante de nós.

No livro *Força Soberana*, o Espírito Miramez, no capítulo intitulado *As miniconsciências* diz:

> *"Sob a regência da mente central no corpo físico, encontram-se ligadas a ela por lei que assegura uma organização, trilhões de vidas menores, programadas para o serviço da harmonia do vaso físico. Elas são as células.*
>
> *Pode-se dizer que são miniconsciências, como uma colmeia em trabalhos incessantes, que causam admiração até à inteligência dos sábios. Essas células, que são formadas por moléculas, e essas de átomos, são todas invisíveis ao olho humano; no entanto, formam a base de vida do instrumento de carne, onde o Espírito imortal se ajusta para o grande desempenho no campo evolutivo da vida. As células, como motores vivos, formam órgãos, e cada um deles tem um comando particular, que podemos denominar de mente instintiva, também obediente ao egrégio poder do Espírito. Porém, em muitos casos, essas mentes instintivas programadas para tal desempenho fazem seu trabalho sem a participação da*

*alma. Somente quando essa tem a noção do mundo em que se encontra e a sua inteligência avança em todos os conhecimentos na sua área de realização, então ela começa a comandar toda a sua nação com soberbo poder, dando ordens e sendo obedecida, por leis que lhe garantem a soberania."*

Assim como Miramez, muitos outros, encarnados e desencarnados, vêm falando sobre os poderes da mente, e hoje se torna cada vez mais necessário começarmos a desenvolver um comando consciente de nós mesmos, tendo em vista que o psiquismo do ser humano encontra-se muito conturbado, em razão deste período apocalíptico, no qual tudo que está oculto, está vindo à tona (apocalipse significa revelação).

## O que é mente?

Será que mente e pensamento são a mesma coisa?

O Dicionário Aurélio define a mente como intelecto, entendimento; Alma, Espírito.

O Minidicionário Sergio Ximenes a define como intelecto, pensamento, Espírito.

A codificação do espiritismo sabiamente não se estendeu além do corpo físico, do perispírito e do Espírito, em suas definições. Mas as escolas esoteristas se aprofundam mais, e a definição do Yogue Ramacharaca nos parece bem coerente. No livro *14 Lições de Filosofia Yogue*, ele afirma que o ser humano é formado por sete princípios, sendo três de natureza material e quatro mentais, ou de natureza espiritual.

E explica:

a) os princípios de natureza material são corpo físico, duplo etérico e perispírito;

b) o corpo físico é o corpo carnal;

c) o duplo etérico é o corpo etérico ou vital, cópia do corpo físico que se dissolve de 35 a 40 dias após a desencarnação. Não tem vida própria. Muitas vezes, uma pessoa que está desencarnando deseja tão fortemente rever alguém que projeta seu duplo etérico. Por isso, nas aparições de moribundos, eles nunca falam ou se comunicam de qualquer outra forma; apenas aparecem e vão embora, ou melhor, são seus duplos etéricos que se manifestam;

d) o perispírito é o corpo espiritual construído ao longo da evolução através dos reinos mineral, vegetal, animal e humano. É veículo de manifestação do Espírito;

e) os princípios de natureza espiritual são a mente instintiva, a mente intelectual, a mente espiritual e o Espírito;

f) a mente instintiva é a sede das atividades instintivas do ser. No reino animal, liga-se ao Espírito-grupo, do qual recebe orientação e comando. Esse comando vai cedendo lugar à inteligência da individualidade conforme cresce em conhecimento e capacidade;

g) a mente intelectual diz respeito ao intelecto. Conforme se enriquece, vai lançando luz sobre a mente instintiva e assumindo funções do próprio instinto, pelo uso da razão e do conhecimento;

h) a mente espiritual, conforme vai despertando, também vai lançando luz sobre a mente intelectual;

i) o Espírito é a chama divina absolutamente além de qualquer conceituação ou compreensão humanas.

Com respeito à mente espiritual, podemos entender que seu despertamento produz anseios indefiníveis de conhecimento superior e de ligação com o Criador. Não se confundam esses anseios com certas expressões de procura religiosa movidas por interesses diversos, tais como, o fanatismo, o medo ou a intenção de ganhar o Céu. O despertar da mente espiritual induz à espiritualização, ao misticismo harmonioso, à procura do ideal superior com maior desligamento da vida material e consequente aprofundamento nas fontes internas, nas faixas de ligação com o Cristo interno. É o transitar da animalidade para a angelitude.

Pode-se dizer também que Deus não pensa. Ele sabe. Não tem uma mente instintiva, nem intelectual. Esses princípios são próprios dos reinos em evolução, nas suas faixas iniciais. Não tem uma mente espiritual, porque está muito além dessa faixa.

Deus não olha. Ele se liga a tudo pelo fluido cósmico, como dizem os Espíritos, ou pelo campo de energia universal, conforme Bárbara Ann Brennan.

E, nesse estar ligado a tudo, Ele comanda o TODO por intermédio dos mecanismos das Suas leis.

## Que é o pensamento?

Quanto ao pensamento, poderíamos dizer que é produto da mente a se manifestar de maneira entendível no mundo material, seja na forma de trabalho ou de lazer.

No trabalho mental, o pensamento decodifica, ou transforma em palavras o que é gerado na mente. São:

a) as elucubrações de natureza intelectual;

b) a busca de soluções para problemas e questões as mais variadas;

c) os mais diversos planejamentos;

d) as criações mentais de natureza intelectual, artística, técnica, etc.

No lazer mental, o pensamento:

a) divaga ao sabor do acaso;

b) caminha pelo mundo da imaginação;

c) vai pinçando do subconsciente assuntos que foram gerados com maior potencial emocional e por isso sobem à memória com maior frequência, etc.

Que é, então, o comando mental?

O comando mental dispensa palavras. É a mente que trabalha e não o pensamento. Por exemplo, localizar mentalmente um órgão ou parte do corpo e envolvê-lo no comando que desejar. Esse comando deve ser tranquilo, afetuoso, envolvente, poderoso, sem vacilar.

O Espírito Miramez diz que as células são miniconsciências e que elas trabalham sob o comando da mente central, sem a participação da consciência. Afirma, no entanto, que chegará o dia em que havemos de comandar nossas células de forma consciente.

Isto, no entanto, não é algo que aconteça num estalar de dedos. É resultado de um trabalho interior contínuo e persistente, mas muito atraente, pela alegria que nos dá cada resultado positivo que podemos ir observando. Mas, se começarmos agora essa busca, mais cedo alcançaremos resultados.

*Quando começamos a tomar consciência da nossa mente e dos seus poderes latentes, percebemos que também somos capazes de comandá-la, de forma a criar e manter os estados de espírito que desejamos, apesar das circunstâncias e dos circunstantes.*

# Capítulo 14

## Relaxamento, Imaginação, Visualização e Mentalização

Se você, caro leitor, não acredita no efeito benéfico de práticas como o relaxamento, as visualizações e mentalizações, antes de "fechar questão" sobre esse assunto, faça um teste, realizando tais práticas, conforme sugestões apresentadas neste capítulo.

### Relaxamento

Enquanto estamos pensando, as conexões entre o cérebro e o corpo permanecem ativas, e todo o complexo orgânico fica em estado de alerta, ou atenção, dinamizado pelo pensamento. E esse estado de atenção, quando prolongado e junto com outros fatores, pode desarmonizar nosso ritmo interno, ou acelerá-lo em demasia.

Isso é fácil de ser observado.

Para tanto, basta relaxar, fechar os olhos e deixar o pensamento parado, silencioso, inativo, ficando apenas atento para observar, sem pensar, como está a movimentação interior. Ela pode ser percebida como uma sucessão de imagens mentais desconexas, como sensações desarmonizadas, desagradáveis, agressivas, como um turbilhão interior cuja intensidade pode até assustar ou, ainda, na feição de serena tranquilidade e bem-estar.

É claro que esse contexto também inclui a qualidade das energias psíquicas que estão compondo nosso campo, porque tudo dentro de nós interage, assim como o complexo de mecanismos dentro de uma máquina.

Nossa mente pode ser comparada a um computador com muitos *softwares* e muitos arquivos, trabalhando em ritmo acelerado e contínuo, que precisa, vez por outra, executar uma limpeza de disco ou uma "desfragmentação", enfim, cuidar de si mesmo.

No caso da mente, ela realiza em nós os procedimentos necessários para nossa otimização interior, quando relaxamos e paramos a máquina do pensamento, permanecendo num estado meditativo, de serenidade e paz. Também é nesses momentos que a nossa luz interior pode expandir-se e sintonizar com faixas mais elevadas, haurindo energias superiores, ou ainda, facilitar contato com os benfeitores espirituais.

Mas, é importante observar que os exercícios respiratórios, que são muito utilizados junto com as práticas de natureza psíquica, devem ser feitos com uma postura adequada. Quando alguém inspira o ar, sentindo-se depressivo, vai contaminá-lo com esse valor negativo. Se inspirá-lo, sentindo-se doente, vai adicionar-lhe valores enfermiços. Por isso, ao fazer exercícios respiratórios, se você não estiver bem, pense, por exemplo, numa cachoeira de águas leves e claras. Sinta-se envolvido em sua energia pura e luminosa e inspire esse ar carregado de energia, vitalidade e alegria, até sentir-se melhor.

Se você estiver bem, visualize-se por inteiro envolvido em atmosfera luminosa, carregada de vitalidade e de alegria. Ao inspirar essa atmosfera luminosa, leve também esses valores para todo o seu mundo interno.

Tenha sempre em mente que o ar que respiramos impregna-se com a qualidade dos nossos pensamentos e de nossas emoções.

## Um modelo de relaxamento

Fique numa posição bem confortável e procure relaxar.

Feche os olhos suavemente e mantenha-os relaxados.

Mentalize o ar em torno de si, formando um campo de energia luminosa, cheio de vitalidade e da pura alegria da natureza.

Faça algumas respirações profundas, tendo em mente que, nesse tipo de exercício, é o abdômen que deve expandir-se e contrair-se com a inspiração e a expiração e não o tórax.

Inspire pelo nariz, calma e profundamente, e, ao inspirar, visualize esse ar penetrando em seu corpo e espalhando-se por ele, num fluxo de força luminosa. Não pense. Use a mente apenas para enviar ondas de bem-estar para todo o seu ser.

Imagine que seu corpo é uma indústria no final do expediente. Nos seus pés, os operários vão desligando as máquinas e apagando as luzes; vão saindo e fechando as portas atrás de si, deixando tudo em silêncio e em repouso.

Eles sobem pelas pernas, pelas coxas... E, por onde passam, vão desligando as máquinas, apagando as luzes, fechando as portas atrás de si, deixando tudo em silêncio e em repouso.

Uns operários continuam subindo através do corpo, em direção à cabeça; os outros vão subindo pelas mãos, pelos braços e ombros, juntando-se aos que sobem pelo corpo, e, por onde passam, vão desligando as máquinas, apagando as luzes, fechando as portas atrás de si, deixando tudo em silêncio e em repouso.

Eles sobem pelo pescoço, para a cabeça, e vão saindo pelo alto da cabeça, depois de terem desligado as máquinas, apagado as luzes, fechado as portas atrás de si, deixando tudo em silêncio e em repouso.

Quando o último operário tiver saído, você estará em pleno estado de relaxamento. Nada o incomoda.

Durante um exercício de relaxamento, talvez lhe advenha vontade de espreguiçar, bocejar, ou mesmo suspirar. Faça-o, porque o relaxamento é um formidável antídoto para o estresse e também ajuda na liberação do sistema energético, quando o mesmo estiver bloqueado por energias incompatíveis.

É muito útil fazer, vez por outra, um relaxamento mais profundo como esse que foi apresentado, não só para relaxar, mas também para colocar a mente em condições de otimizar os mecanismos internos, ou para receber inspiração superior. É por isso que nos exercícios respiratórios a orientação é para não pensar, mas sim ficar apenas prestando atenção à própria respiração, ou seja, em estado de contemplação, sem atividade do pensamento.

Há várias maneiras de relaxar e harmonizar os ritmos internos e, a seguir, vamos sugerir outras bem fáceis e rápidas.

01 – Respire fundo algumas vezes, procurando relaxar. Volte a atenção para os seus pés, movimente-os suavemente, soltando todos os seus músculos. Sinta as suas pernas, soltando-lhes os músculos, as coxas, e assim por diante, até afrouxar todos os seus músculos, incluindo os dos braços, mãos, pescoço e rosto.

02 – Feche os olhos e pense em algo que irradie uma impressão de tranquilidade e contentamento, como uma flor ou as serenas águas de um lago à hora do crepúsculo. Respire fundo algumas vezes, procurando relaxar. Não pense. Fique apenas olhando mentalmente para essa imagem, em estado de pura contemplação, sem deixar o pensamento fluir. Após alguns minutos, observe como seu corpo relaxou e seu ritmo interno harmonizou-se.

## Imaginação

A imaginação também representa um extraordinário recurso à nossa disposição.

Por exemplo, você imagina que é uma flor, suavemente acalentada pela brisa e pelos raios do sol. É claro que não irá se transformar na flor, mas, por força da imaginação, todo o seu ser assimila essa ideia e o seu comando interno passa a vibrar nas qualidades que a imaginação criou, ou seja, na beleza, na tranquilidade, na delicadeza e na alegria, porque são essas as impressões que a flor nos passa.

Para comprovar o poder da imaginação (num sentido positivo, porque também pode ser negativo), faça uma experiência.

Quando estiver se sentindo cansado, irritado, ansioso ou angustiado – estados de espírito que geram estresse –, feche os olhos e imagine que está junto a um lago tranquilo na hora do crepúsculo. Crie, por meio da imaginação a mais bela das paisagens: flores, vegetação, o sol poente dourando algumas nuvenzinhas que seguem tranquilas ao sabor dos ventos brandos do entardecer; as águas do lago prateando os reflexos do céu nas pequenas marolas geradas pela brisa; os pássaros buscando, satisfeitos, a galharia do arvoredo para o repouso noturno. Integre-se a esse ambiente, introjetando toda a tranquilidade que ele apresenta, a beleza da paisagem, a serenidade das águas do lago, a alegria presente em tudo.

Observe como suas próprias disposições internas se modificam na medida em que vai se integrando ao ambiente criado por sua imaginação, sentindo a paz, a serenidade e o bem-estar inundando todo o seu ser.

Quantas pessoas tomam remédios na busca de estados de espírito mais serenos, tranquilos ou mais dinâmicos, mais positivos... E muitos desses medicamentos são do tipo "controlado", que geralmente elas terão de usar para o resto da vida.

Porém, a natureza nos dotou de possibilidades que podemos ir descobrindo, desde que tenhamos verdadeiro interesse nesse crescimento, porque a evolução espiritual não se reduz apenas ao ganho de virtudes, mas estende-se também à descoberta e ao desenvolvimento desses poderes que ainda dormem em nosso interior.

Mas, enquanto não chegamos ao topo dessas conquistas, podemos nos beneficiar, dando os primeiros passos nessa caminhada, ocupando-nos mais com esses assuntos e desenvolvendo práticas, como, por exemplo, a de criar um quadro imaginário e trazê-lo sempre à mente, como suporte para orientar estados de espírito.

Isto pode ser feito, identificando qual o estado de espírito que mais o prejudica ou incomoda. Suponhamos que seja a insegurança. Nesse caso, você pode criar o seu quadro imaginário, digamos, na forma de uma árvore frondosa e bela. Observe mentalmente o tronco firme, os galhos fortes, as folhas tocadas por suaves ventos... Repare em sua postura majestosa; pense na tranquilidade com que ela enfrenta as tempestades, as estiagens ou inundações, sempre serena e forte, maternal como a própria natureza. Sempre por meio da imaginação, aproxime-se dela, encoste-se nela... Justaponha-se a ela e sinta como se você fosse a própria árvore. Observe a seiva subindo da terra através dos seus pés, das pernas, passando para o corpo, os braços, a cabeça, trazendo energia e vida. Perceba o balouçar das folhas ao toque da brisa, o suave canto dos pássaros, e pense em que você faz parte da natureza. Procure sentir em si mesmo, em toda a extensão do seu ser, a serena força, o tranquilo poder da árvore, e, a partir daí, traga sempre à mente essa imagem, com toda a sua vibração de força tranquila, sentindo esse poder em si mesmo.

Esse tipo de prática gera memória, ou seja, condicionamento, que, no decorrer do tempo e com a continuidade, acaba se consolidando como valor em sua própria natureza.

Mas, se você concluiu que o valor que mais está precisando desenvolver é de outro tipo, como, por exemplo, a mansidão, a não violência, seria o caso então de criar o seu quadro imaginário na forma de uma pessoa (ou Espírito) que melhor representasse aquele valor. No caso em foco, poderia ser Gandhi. Você passaria a meditar sobre ele, relembrando fatos importantes nos quais o apóstolo da não violência exemplificou aquele valor, e imaginá-lo sempre a seu lado, recebendo dele a vibração característica, introjetando-a em si mesmo, em todas as suas atitudes e ações.

É preciso frisar, no entanto, que não se trata aqui de qualquer ato divinatório, mas apenas a busca de um símbolo, um modelo, cujas características desejamos assimilar. Não se trata da pessoa em si, mas da vibração que a caracteriza.

A repetição constante desse ato, ou seja, trazer sempre à mente o quadro imaginário escolhido, gera memória, ajudando a condicionar atitudes e comportamentos.

Pela imaginação, assimilamos valores, positivos ou negativos, a depender das nossas disposições, e, com a continuidade, eles acabarão fazendo parte do nosso acervo íntimo.

## VISUALIZAÇÃO

Visualizar é usar a imaginação com o propósito de ajudar ou prejudicar alguém, construir novas possibilidades, mudar o curso de pensamentos, emoções, etc.

Devemos observar, que nossos poderes interiores podem ser usados tanto para fazer o bem quanto o mal, mas, como se trata de atributos herdados do nosso Criador, só chegarão a mais pleno desenvolvimento, quando utilizados dentro do que determinam as leis maiores. Assim, podemos optar por fazer o mal, prejudicar o próximo, etc., mas sabendo que estaremos gerando comprometimento cármico. Além disso, uma energia negativa que enviemos para outrem, antes de sair de nós, já deixará parte dela circulando em nosso sistema energético. E, quando a pessoa visada não está receptiva à energia maléfica que lhe enviamos, esta pode retornar a nós, trazendo ainda maiores prejuízos para o nosso bem-viver.

A visualização deve ser feita na suavidade do amor, na serenidade da paz e com o pensamento voltado para o Alto.

Quando nosso campo magnético está muito carregado de energias incompatíveis, pode acontecer de surgirem figuras feias e agressivas no ambiente que visualizarmos, em vez das imagens propostas. Nesses casos, devemos insistir até conseguirmos criar ou recriar o ambiente na forma exata que desejamos. Esta é uma batalha que precisamos ganhar, e isto não é difícil. É só uma questão de persistência e força de vontade. Nessas situações, a prece ajuda muito.

Sugestões para visualizações:

1 – Se souber de alguém que está doente, visualize essa pessoa saudável. Veja-a mentalmente bem disposta, ativa, satisfeita.

2 – Ao saber que alguém está nervoso, irritado, agressivo, visualize-o calmo, tranquilo, sereno e em paz.

3 – Se estiver planejando alguma atividade, fique sempre visualizando a sua realização na forma como deseja.

Uma famosa atriz norte-americana disse que, desde o momento em que iniciava o projeto de um novo filme ou de um show, passava a visualizá-lo já acontecendo e com todo o sucesso possível, acrescentando ter certeza de que esse era um dos fatores do grande sucesso que obtinha.

Mas, podemos também fazer visualizações em benefício da nossa evolução espiritual.

O Espírito Miramez disse que Deus nos sorri através da flores.

Faça então o seguinte:

Respire calma e profundamente algumas vezes, dando a si mesmo ordem para relaxar.

Imagine que está em meio à natureza, na hora do entardecer. Visualize-se flutuando em meio a flores. Escolha as mais belas que conhece, envolvendo-se nelas. Procure sentir o suave e perfumado toque de suas pétalas ao longo do seu corpo e deixe que sua energia penetre em seu organismo, espalhando-se por todo o seu ser. Olhe para elas e pense que, por seu intermédio, Deus está sorrindo para você.

Visualize os raios do sol poente envolvendo seu corpo num foco de suave luz e abra seus poros para receber a energia solar.

Ouça, ao longe, o canto de um sabiá ou de outro pássaro cujo gorjeio seja repousante.

Pense com amor e gratidão no Criador, que faz tantas coisas tão puras e tão belas.

Permaneça nesse lugar de paz, o seu refúgio psíquico, até sentir-se bem e perfeitamente integrado a esse ambiente.

Fixe em sua memória esse clima de harmonia, de força divina e de bem-estar, e guarde-o no seu mundo interno como um pólo de energias benéficas e revitalizantes, que você pode buscar sempre que precisar.

Você pode criar o seu refúgio psíquico da forma como achar melhor, desde que seja um local onde possa realmente relaxar e o ambiente lhe favoreça boa vibração. As flores são ótimas, porque vibram em faixas de elevada sensibilidade, representando o amor, a ternura e a perpetuação da vida; o sol irradia continuamente energias vitais que podemos absorver, também por meio da visualização, e o canto de um pássaro na hora do entardecer é muito repousante.

Durante o dia, procure lembrar-se do seu refúgio e esconder-se nele, nem que seja apenas por alguns instantes. Assim, estará criando "formas-pensamento" muito benéficas para si mesmo e também para as pessoas do seu convívio.

Nosso inconsciente é como um porão repleto de imagens mentais saturadas de angústia, desencantos e frustrações, e as visualizações positivas introjetam novas ideias no inconsciente, que as assimila, substituindo pensamentos perturbadores por edificantes, projetando-os no comportamento, nos estados de espírito e em todo o organismo.

Fazer constantemente exercícios de relaxamento, com visualizações adequadas, representa um poderoso instrumento para a revitalização do inconsciente com ideias edificantes, gerando memórias positivas.

## Mentalização

Mentalizar equivale a criar algo mentalmente, ou a dar ordens mentais que devem ser embasadas na força da confiança, lembrando sempre que, se trazemos em nossa intimidade espiritual os atributos do nosso Criador, podemos utilizá-los para o nosso próprio bem, mas obedecendo sempre às leis maiores.

Espíritos informam que, em nossa intimidade espiritual, somos centelhas divinas em evolução. Outros dizem que nossa essência mais íntima é luz de Deus.

É natural que seja assim, porque, sendo seus filhos, certamente trazemos traços divinos em nosso DNA espiritual.

As mentalizações e as visualizações devem acontecer sempre na vibração do amor e na alta frequência do pensamento voltado para Deus.

## EXERCÍCIO 01

Faça algumas respirações profundas para harmonizar os ritmos internos e relaxar.

Sinta seus pés e lhes dê uma ordem mental para relaxarem. Faça o mesmo com as pernas, as coxas, o tronco, as mãos, os braços e assim por diante até chegar à cabeça, sempre com o comando mental para relaxar.

Visualize qualquer parte ou órgão do seu corpo que esteja querendo beneficiar, como, por exemplo, o coração. Procure senti-lo e o envolva num sentimento de amor e de gratidão. Em seguida, dê-lhe um comando mental de atividade plena e harmoniosa, lembrando sempre que esse comando deve ser tranquilo, afetuoso, envolvente, poderoso, sem vacilar.

# EXERCÍCIO 02

Faça um relaxamento como explicado no exercício anterior.

Observe o próprio estado de espírito. Suponhamos que esteja irritado ou agressivo. Dê a si mesmo um comando de calma, de paz, lembrando que esse comando deve ser tranquilo, afetuoso, envolvente, poderoso, sem vacilar.

Com esses comandos mentais, conseguimos mudar nossos estados de espírito, porque estão subordinados à mente e à vontade. Mas é preciso lembrar que em todos os procedimentos psíquicos e mentais, é importante a elevação da frequência vibratória, e os sentimentos vibrando no amor e na paz.

*A cada momento, estamos criando em nós e em torno de nós um campo magnético negativo ou positivo, de acordo com o teor dos nossos pensamentos e emoções.*

*Esse campo, ou aura, é o nosso cartão de visitas, invisível, mas atuante, que atrai pessoas e situações de idêntico teor.*

# Capítulo 15

## A Importância da Oração

Como a oração é um dos mais poderosos instrumentos para o nosso fortalecimento e defesa espiritual, lembremos que, ao consultar os Evangelhos, vamos encontrar em inúmeras ocasiões o Mestre, em oração. E, como se não bastasse o exemplo, Ele ainda ensinou a seus seguidores como orar, dando-lhes um modelo que ficou na história e no uso de todos os povos cristãos.

As narrativas procedentes do mundo espiritual, quando se referem à oração, falam de seus extraordinários efeitos. No livro *Nosso Lar*, psicografado por Chico Xavier, o Espírito André Luiz fala sobre a prece coletiva, que é realizada diariamente na hora do crepúsculo, quando todas as residências e institutos daquela colônia espiritual ligam-se à Governadoria por processos avançados de televisão.

No livro *Os Mensageiros*, o mesmo autor, referindo-se aos efeitos da prece proferida por Ismália, assim se expressa:

> *"Fixando instintivamente o alto enxerguei, maravilhado, grande quantidade de flores esbranquiçadas, de tamanhos variadíssimos, a caírem copiosamente sobre nós que orávamos. Tive a impressão de que eram derramadas do céu sobre nossas frontes, caindo com a mesma abundância sobre todos, desde Ismália ao último dos servidores."*

No livro *Horizontes da Mente*, o Espírito Miramez diz que o santo se defende de todas as investidas do mundo com o engenhoso meio de orar, purificando a atmosfera que o circunda com os fluidos atraídos na concentração que se origina na prece.

Em outro livro, intitulado *Saúde*, o mesmo autor afirma:

> *"Se todas as ciências do mundo procurassem estudar e compreender a ciência da oração, os caminhos da vida ficariam mais fáceis de serem trilhados e os ajustes científicos mais seguros nas suas diretrizes."*

Entretanto, orar verdadeiramente não é repetir preces decoradas, nem viver desfiando petitórios. Conforme diz ainda Miramez, ***não é o ato de orar que tem valor***, mas a ***participação da alma*** na rogativa, no agradecimento ou no louvor, e que esta, quando se abre na direção da Grande Luz, na dinâmica da oração, forma a ponte por onde lhe chega o energismo divino e a inspiração superior, desde que os sentimentos estejam em plena concordância com o amor.

Mas, é importante atentar para o fato de que, se você tem inclinações místicas, deve ter cuidado para não cair no pieguismo. Se suas inclinações são opostas, cuide para não cair na frieza, no mecanicismo ou na mera formalidade, sem a participação dos sentimentos e da emoção, porque a prece deve ser um ato da alma em sua totalidade: mente, sentimentos e emoção.

Outro aspecto importante no que diz respeito à oração é o seu direcionamento. Habitualmente direcionarmos os petitórios a beneficiar a nós mesmos e às áreas de nosso interesse. Isto é natural, mas, quando começamos a desenvolver amor universal, passamos também naturalmente a orar pelos outros, pela humanidade, pelo nosso planeta.

A oração nos predispõe à paz e ao amor e abre canais para o "Mais Alto", permitindo que sejamos invadidos por júbilos indefiníveis.

## Aspectos científicos da Prece

(*Extraído do opúsculo "O Espiritismo em época de transição"* – Saara Nousianen)

Nem todos sabemos orar de forma a que a nossa prece se eleve em busca das forças mais altas do universo.

Quem muito bem explica essa questão é o conceituado escritor Torres Pastorino, no livro *Técnica da Mediunidade*[1], que esclarece, sob a luz da física, do magnetismo e da biologia, como os fenômenos de comunicação entre a dimensão material e a espiritual acontecem, manifestando-se por meio de vibrações e ondas. Vejamos:

"As vibrações, as ondas, as correntes utilizadas na

[1] Esse livro *Técnica da Mediunidade* não é mais editado há muito tempo, mas pode ser "baixado" gratuitamente na Internet.

mediunidade são as ondas e correntes de pensamento. Quanto mais fortes e elevados os pensamentos, maior a frequência vibratória e menor o comprimento de onda. E vice-versa.

O que eleva a frequência vibratória do pensamento é o amor desinteressado; abaixa as vibrações tudo que seja contrário ao amor: raiva, ressentimento, mágoa, tristeza, indiferença, egoísmo, vaidade, enfim qualquer coisa que exprime separação e isolamento.

Em física, estudamos as ONDAS AMORTECIDAS, assim chamadas porque atingem rapidamente um valor máximo de amplitude, mas também rapidamente decrescem, não se firmando em determinado setor vibratório. São produzidas por aparelhos de 'centelha', que intermitentemente despedem fagulhas, chispas, centelhas, mas não executam uma emissão regular e fixa em determinada faixa. Produzem efeito de 'ruídos'.

No cérebro, ondas amortecidas são as produzidas por cérebros não acostumados à elevação, mas que, em momentos de aflição, proferem preces fervorosas.

A onda se eleva rapidamente, mas também decresce logo a seguir, pois não tem condição para manter-se constantemente em nível elevado, por não estarem a ele habituados. São pessoas que, geralmente, se queixam de que 'suas preces não são atendidas'. De fato, produzem 'ruído', mas não conseguem sustentar-se em alto nível, não atingindo, pois, o objetivo buscado.

(...) Ondas longas são todas as superiores a 600 metros de comprimento. Caminham ao longo da superfície terrestre e têm pequeno alcance. Ondas médias são as de comprimento entre 150 e 600 metros. Caminham em parte ao longo da superfície, mas também se projetam para as camadas superiores da atmosfera. Têm alcance maior que as anteriores, embora não muito grande. Ondas curtas são as que variam entre 1,0 e 150 metros. Rumam para a atmosfera superior e são captadas de 'ricochete'. Têm alcance muito grande, podendo ser captadas facilmente até nos antípodas. Ondas ultracurtas são todas as que forem menores que 10 metros. Muito maior alcance e força, ecoando nas camadas superiores da atmosfera.

Tudo isso nos faz compreender a necessidade absoluta de mantermos a mente em 'ondas' curtas, isto é, com pensamentos elevados, para que as nossas preces e emissões possam atingir os Espíritos que se encontram nas altas camadas.

As ondas longas, de pensamentos terrenos e baixos, circulam apenas pela superfície da Terra, atingindo somente os sofredores e involuídos, ou as próprias criaturas terrenas. Qualquer pensamento de tristeza, de ressentimento ou de crítica abaixa as vibrações, não deixando que nossas preces cheguem ao alvo desejado.

A prece não pode, científica e matematicamente, atingir os planos que desejamos, quando estamos 'dessintonizados'."

Em época de transição, há que se pensar na Terra como sendo a nossa embarcação cósmica a enfrentar tempestades.

Que fazer numa situação como essa?

O que podemos fazer é orar, pedindo a Jesus e às forças superiores para ajudarem nosso planeta nessa transição, além de fazer vibrações para a humanidade, a fim de que o ser humano se torne melhor. Também podemos vibrar pela natureza, pela paz, pelo amor, para que este se desenvolva nos corações humanos.

Os efeitos da oração não são apenas subjetivos.

O pesquisador Gregg Braden, falando sobre um experimento realizado pelo Instituto Heart Math, informa que experimentações científicas demonstraram que nosso DNA muda com as frequências produzidas pelos nossos sentimentos e emoções, ou seja, as vibrações, e que indivíduos treinados para sentirem amor profundo foram capazes de mudar a forma de seu DNA.

Diz ainda que "isto ilustra uma nova forma de energia que conecta toda a criação. Esta energia parece ser uma REDE ESTREITAMENTE TECIDA que conecta toda a matéria e que podemos influenciar essencialmente esta rede de criação por meio de nossas VIBRAÇÕES".

Aqueles experimentos comprovaram também que as frequências energéticas mais altas, que são as do amor, impactam no ambiente de uma forma material, produzindo transformações não só em nosso DNA, mas no ambiente que nos cerca. Isto significa que possuímos muito mais poder do que imaginamos.

No livro *Como Deus pode mudar sua mente*, os médicos Andrew Newberg e Mark Robert Waldman demonstram, por meio de pesquisas realizadas na Universidade da Pensilvânia, quais os efeitos que as convicções e as experiências religiosas exercem sobre o cérebro humano; como elas podem promover a saúde, o bem-estar, a felicidade, e como nosso cérebro transforma a ideia de Deus em uma experiência que, para milhões de pessoas, é intensamente significativa e real.

Com base em uma investigação realizada ao longo de quinze anos, a equipe médica do Dr. Newberg pôde observar que, quanto mais pensamos em Deus, mais alterações ocorrem nos circuitos neurais de áreas específicas da região cerebral, que transformam a figura d'Ele, para a maioria das pessoas, em um símbolo representativo de uma extensa gama de valores pessoais, éticos, sociais e universais.

"Deus pode modificar seu cérebro, não importa se você é cristão ou judeu, mulçumano ou hinduísta, agnóstico ou ateu. Se você considerá-lo por um tempo suficiente, algo surpreendente acontece e o seu funcionamento neurológico começa a se modificar. Para nós, neurocientistas, esta pode ser uma das mais fascinantes experiências humanas a se explorar", afirma Newberg.

*Lembre-se sempre de mentalizar a si mesmo cercado por uma luz protetora, luz que nos vem de Deus; sinta-se envolvido e interpenetrado por essa luz que protege, e que vibra na alegria, na saúde e na harmonia, gerando confiança e bem-estar.*

# Capítulo 16

## Orando pela Terra

Diante da importância da oração, uma realidade conhecida pelos espíritas e ratificada e ampliada pela ciência; ante o momento crítico da humanidade e do nosso planeta que ora vivenciamos, o que nos cabe fazer? Certamente, orar e vibrar pela Terra.

Procuremos, então, orar e vibrar pela Terra sempre que lembrarmos, seja a que hora for, seja onde for.

Essas orações-vibrações são tão importantes para o planeta quanto para quem as faz, porque relaxam, acalmam, harmonizam os ritmos internos, mudam estados de espírito, tornando-nos mais fraternos e mais confiantes, de bem com a vida.

Aproveitemos as horas vazias, quando no engarrafamento do trânsito, ao tomar banho, nos intervalos comerciais da tevê, ou qualquer outro, para orar ou simplesmente vibrar pela Terra.

Sugerimos aos Centros e grupos espíritas, que orem sempre pelo nosso planeta e pela humanidade, no início ou no encerramento dos trabalhos. Essa é uma força vibratória de que a humanidade deste período de transição está muito necessitada.

Para facilitar, apresentamos, a seguir, algumas das orações-vibrações no formato de visualizações e mentalizações, que fazem parte do programa *Orando pela Terra*.

## Orando com o Mestre

Mentalize em torno de si um campo de energia luminosa, cheia de vitalidade e da pura alegria da natureza.

Relaxe.

Inspire esse ar luminoso, carregado de energia e de alegria. Visualize essa onda de força luminosa penetrando em seu corpo, espalhando-se por ele.

Pare o seu pensamento. Não pense. Use a mente apenas para enviar ondas de bem-estar para todo o seu ser.

Imagine que se encontra no campo, na hora do crepúsculo.

Observe como as nuvens se tingem de rosa e dourado e as flores exalam suave perfume.

Você olha o céu, as nuvens tingidas de rosa e dourado, e começa a sentir uma saudade imensa de algo que não consegue definir.

Olha em torno e percebe que uma luz diferente clareia a paisagem.

Vibrações de paz profunda aquietam os pássaros nos galhos do arvoredo, e uma brisa muito suave anuncia a chegada de alguém.

De algum ponto do infinito, o Mestre vem caminhando em sua direção. Seu passo é calmo e o semblante belo e sereno.

Aproxima-se mais. Seu olhar irradia amor profundo, e você se sente envolvido nessas vibrações.

Em seu coração, todas as mágoas desaparecem, todos os sentimentos pesados, as tristezas e as preocupações desaparecem.

Em suas emoções, só há confiança, amor e alegria.

Alguém surge a seu lado. Você olha e vê que é um dos companheiros de atividades espíritas.

E vai chegando mais um, mais outro, e logo você percebe que todos nós, seus companheiros de atividades espíritas estamos ali, com você, diante do Mestre.

Ele olha para todos com imenso afeto. Em seu olhar, não existem perguntas, nem censuras, apenas carinho, amor profundo.

Aproxima-se mais um pouco. Dos Seus olhos e do Seu coração partem poderosas vibrações de amor e harmonia, envolvendo todo o grupo.

Num convite silencioso, o Mestre pede para vibrarmos junto com Ele pelo nosso planeta.

E percebemos, então, que podemos ver a Terra em sua peregrinação pelo espaço, a sua grandiosa beleza... Mares, florestas, montanhas, aldeias e cidades...

Juntamos então nossa vibração à do Mestre, para dizer:

"Senhor da Vida, Pai-Mãe-Criador de tudo que há, pedimos que abençoe nossa nave cósmica... Que proteja a Terra de nós mesmos. Que ajude a humanidade a se tornar mais fraterna, mais ética, mais justa e pacífica... Que ajude o ser humano a compreender que deve respeitar o chão onde pisa, o ar que respira, a água que bebe, enfim, a natureza da qual faz parte.

Pedimos também alívio para os que estão sofrendo neste momento. Dá a todos eles a esperança... Dá-lhes novas energias para continuarem a caminhada terrena, em busca de evolução. Envolva a Terra em vibrações de Amor, de Paz e de Alegria pura, para que a natureza possa se recuperar dos danos causados por nós, seres humanos. Abençoa a natureza... Na terra... Nas águas... Em toda a atmosfera terrena, para que ela continue a ser a mãe pródiga e generosa para todos os seus filhos."

O Mestre estende suas mãos, abarcando toda a extensão do nosso planeta, derramando sobre ele energias puras, vibrantes de amor e de paz.

Vamos retornando tranquilamente ao nosso mundo exterior, mas guardando na alma toda essa luz, esse amor, essa paz que nos envolve... E peçamos ainda: "Guarda-nos, ó Mestre, na Tua luz".

## Numa nave espacial

Fique numa posição bem confortável.

Procure desenvolver um estado de amorosidade e de paz interior...

Relaxe.

Mentalize em torno de si um campo de energia luminosa, cheia de vitalidade e de alegria.

Faça algumas respirações profundas, lembrando que é o abdômen que deve inflar e se contrair nos movimentos respiratórios e não o tórax.

Ao inspirar, visualize esse ar luminoso, carregado de energia e de alegria, penetrando em seu corpo, espalhando-se por ele.

Não pense. Apenas sinta um estado de calma, de profunda paz...

Relaxe.

Pense em alguém a quem você ama com muita ternura.

Desenvolva esse sentimento, ampliando-o, envolvendo todo o seu entorno nessa emoção tão boa.

Agora, que estamos com nossas emoções vibrando no amor, vamos imaginar que estamos numa nave espacial estacionada à grande altura, de onde vemos a Terra girando lindamente no espaço.

Olhemos para o nosso planeta com muito amor, como se o estivéssemos abraçando com muito carinho. Afinal, trata-se da nossa casa cósmica.

Pensemos nas belezas da natureza... Nas matas verdes... Nos oceanos azuis... Nas cordilheiras geladas... Nas terras férteis, onde são plantados os alimentos que nutrem os seres humanos e muitos animais.

Pensemos com amor na humanidade terrena e elevemos nosso pensamento ao Senhor da Vida, para dizer:

"Senhor da Vida e do Universo, neste momento, ligamos nossos pensamentos a Ti, pedindo Teu amparo para o nosso planeta. Que o Teu amor envolva a Terra, abençoando e protegendo a natureza, na terra, nas águas e em toda a atmosfera terrena. Que o Teu amor e a Tua paz envolvam toda a humanidade terrena, vibrando amor em todos os corações, pacificando, predispondo ao bem, à honestidade, à paz, ao respeito pela natureza, pelas pessoas, pelos animais. Que a Tua luz ilumine todas as consciências na Terra, induzindo as pessoas a se guiarem por Tuas leis, para que os sofrimentos tenham fim e a felicidade e o bem-estar possam ficar ao alcance de todos. Que as Tuas leis se tornem cada vez mais claras nas consciências de todos nós que nos irmanamos nestas orações pela Terra, dando sempre um norte seguro e benéfico ao nosso jornadear. Te agradecemos Senhor da Vida e pedimos mais uma vez a Tua proteção, amparo e ajuda ao nosso planeta Terra e a toda a humanidade. Paz, harmonia, amorosidade e contentamento nos nossos corações."

Procuremos continuar sentindo esses sentimentos tão bons que são o amor e a paz.

## NO CAMPO

Imagine que se encontra no campo.

Há arbustos floridos ao seu redor.

Olhando para cima, você vê o céu muito azul, com algumas nuvenzinhas levadas suavemente pela brisa...

Você vê flores e nuvens. As flores nos falam em alegria e amor. Sua vibração nos transmite ternura e contentamento.

As nuvens, passando, indicam que há céu, há luz, há vida que esplende em outras infinitas dimensões.

Ligue sua alma, sua mente, seu Espírito, a essa luz e repita as seguintes palavras, procurando senti-las em toda a sua profundidade:

"Da mente divina, luz infinita, flua luz para a minha mente. Que a minha mente se ilumine e se enobreça nessa luz. Que essa luz divina percorra todo o meu ser, para que eu vibre na paz e na harmonia. A saúde e o bem-estar estejam presentes em todos os meus órgãos, em cada célula do meu corpo. Do coração do universo flua amor para o meu coração. Que meus sentimentos se engrandeçam nesse amor de Deus, que vibra em todo o universo, dando a tudo e a todos razões para existir. Que esse amor divino se estenda por sobre a Terra, envolvendo todos os ambientes humanos, irradiando amorosidade para todas as pessoas, para que se tornem mais fraternas, mais solidárias, mais honestas, mais justas. Que esse amor infinito envolva todas as pessoas que estão sofrendo na Terra, seja por enfermidades, limitações, solidão ou situações angustiantes, dando-lhes alívio, esperança e maior aproximação com Deus. Que o afeto divino se estenda sobre todas as crianças da Terra... Que elas possam receber sempre o necessário às suas vidas e evolução, além de afeto e de orientação para o bem. Que a luz divina ilumine as mentes e os corações de todas as pessoas que mergulham nos vícios. Que elas possam perceber o abismo em que estão caindo e sintam necessidade de buscar ajuda."

Procuremos continuar sentindo esses sentimentos tão bons que são o amor e a paz.

## Sobre a montanha

Se você está estressado, cansado ou desarmonizado, respire fundo algumas vezes, procurando relaxar...

Não pense, apenas sinta um estado de calma, de profunda paz.

Imagine que se encontra no topo de uma alta montanha, na hora do amanhecer.

Todos os companheiros desta Rede de Orações vão se aproximando de você.

Ao longe, no horizonte, o sol começa a surgir com todo o seu esplendor, iluminando vales e montanhas, despertando a vida...

Vamos, todos juntos, mentalizar os raios desse sol nascente iluminando nossos corpos, enchendo nossos corações com paz e com amor.

Mentalizemos essa paz e esse amor se estendendo sobre a Terra, envolvendo toda a humanidade em paz e em sentimentos de amor.

Mentalizemos todas as pessoas que vivem na Terra, recebendo agora nossas vibrações de amor e de paz.

Elevemos nosso pensamento ao Criador de todas as coisas para dizer:

"Senhor da Vida, Pai-Mãe-Criador de tudo que há, estamos todos reunidos aqui, diante do sol que surge no horizonte, para pedir a sua bênção para o nosso planeta. Proteja a Terra de nós mesmos; ajuda a humanidade a se tornar mais fraterna, mais ética, mais justa e pacífica. Ajuda o ser humano a compreender que deve respeitar o chão onde pisa, o ar que respira, a água que bebe, enfim, a natureza da qual faz parte. Ampara a todos que estão sofrendo... Dá alívio aos enfermos, calma e esperança aos que estão aflitos... E coloca as sementes do perdão nos corações injustiçados. Dá também o alimento a quem está com fome, o teto a quem se encontra ao desabrigo e faz nascer a fé e a confiança em todos os corações. Ajuda, Senhor da Vida, o nosso planeta Terra em sua transição para mundo de regeneração... E auxilia a nós outros a colaborarmos também com essa transição, em tudo que nos for possível. Ampara a natureza, na terra, nas águas e em toda a atmosfera terrena, a fim de que ela possa se recuperar dos tantos danos causados por nós, seres humanos, e continue a ser a mãe pródiga e generosa para com todos os seus filhos. Pedimos também pelo nosso país. Ajuda o povo brasileiro a desenvolver mais honestidade, mais justiça social, mais fraternidade. Ilumina as mentes e os corações daqueles que dirigem esta nação, para que possam dirigi-la melhor. Finalmente, Senhor, queremos agradecer por esta oportunidade de orar e por tudo que temos recebido, porque tudo são lições para o nosso Espírito. Guarda-nos, Senhor da Vida, em Tua luz."

## Pelas vítimas de catástrofes

Mentalize em torno de si um campo de energia luminosa cheia de vitalidade e da pura alegria da natureza.

Inspire esse ar luminoso, carregado de energia e de alegria. Visualize essa onda de força luminosa penetrando em seu corpo, espalhando-se por ele.

Não pense. Apenas sinta um estado de calma, de profunda paz.

Imagine que se encontra à beira de um lago, na hora do crepúsculo.

Observe as águas límpidas e serenas, refletindo a natureza em torno e o azul do céu.

Sinta toda a tranquilidade desse lugar.

Imagine que os companheiros deste grupo de orações também vão chegando e se aproximando de você.

Agora, que estamos todos juntos, respirando a paz, a energia pura, a tranquilidade que a natureza nos oferece, vamos mentalizar as faixas mais altas da Vida e dizer mentalmente:

"Pedimos às Forças Cósmicas do Amor para amparar e ajudar todas as pessoas que estão sofrendo neste momento por causa de catástrofes, tais como terremotos, tsunamis, estiagens, enchentes, temporais; pessoas que perderam entes queridos, que perderam suas casas e se encontram ao desabrigo ou em situações de sofrimento... Amparai-as em nome do amor, dando-lhes alívio e novas esperanças para suas vidas. Que as forças do bem possam amparar todos os seres humanos que se encontram enfermos, os que estão com fome e não têm o que comer, os que estão desabrigados ou passando qualquer tipo de necessidades. Que as forças superiores do bem amparem todas as crianças da Terra, dando-lhes o necessário para viverem com dignidade, conduzindo seus passos em direção ao bem e dando-lhes oportunidades de crescimento como seres humanos. Que as forças do Bem conduzam nossa humanidade por caminhos de paz e de fraternidade, protegendo a natureza e a vida, em todas as suas expressões. Que essas mesmas forças também amparem a todos nós, desta rede de orações, iluminando nossas mentes e tornando-nos mais fraternos, com paz e contentamento em nossos corações. Guarda-nos, Senhor dos Mundos, em Tua luz."

*Sempre que se lembrar (procure lembrar-se sempre) peça mentalmente às Forças Universais do Amor para envolverem a Terra, vibrando amorosidade nos corações de todos os encarnados e desencarnados.*

# Capítulo 17

# Alguns Suportes Para Nossa Evolução

Os exercícios e vivências apresentados neste livro são muito fáceis e simples, mas, quando adotados como práticas constantes, promovem mudanças altamente benéficas, tanto em relação ao bem-estar pessoal, quanto ao que diz respeito à evolução espiritual.

## Ambientação do amor e da alegria

Um passo muito importante, em nossa evolução espiritual está em ambientar o amor e a alegria no mundo íntimo, porque o amor já é, por si só, o grande mecanismo de transmutação do negativo em positivo e a alegria é um elixir de vida, gerador de saúde e dinamismo.

Essa ambientação pode ser processada, aproveitando-se os momentos vagos da mente e da emoção. Assim, sempre que se lembrar, dê a si mesmo um comando de amor, ou seja, desenvolva esse sentimento em seu interior, em clima de contentamento; sinta amor, carinho, bem-querer por si próprio, pelo ambiente, pelas outras pessoas, por tudo.

É importante dinamizar o amor nas emoções, criar um condicionamento em busca disso, desenvolver essa emoção de forma consciente e contínua, para que se transforme em valor real da alma.

Quase todos temos um "espinho", na forma daquela pessoa que parece ter nascido para nos aborrecer. Essa presença, ou apenas a sua simples existência quando nela pensamos, leva-nos a lembrar seus aspectos negativos, a analisar e lamentar suas ações e atitudes, ou pensar em qual seria a melhor resposta que lhe daríamos em tal ou qual situação. Isto gera energia psíquica negativa que, depois de deixar em nós mesmos seus primeiros resíduos, segue no fluxo do pensamento, atingindo o alvo, no caso, o nosso desafeto.

Esta é uma realidade constante e contínua na vida de quase todas as pessoas. Acontece, no entanto, que, na proporção em que vamos usando e desenvolvendo nossas forças psíquicas e mentais, elas vão se tornando cada vez mais poderosas. Então, esses pensamentos, esse mau juízo, falso ou verdadeiro, que fazemos a respeito do nosso desafeto, irão afetá-lo com maior intensidade, podendo induzi-lo a maus caminhos.

Se, por outro lado, nos habituarmos a pensar no desafeto, enviando-lhe uma vibração de luz, de harmonia e de afeto, estamos ajudando a sua e a nossa própria evolução. É preciso lembrar que nós igualmente orbitamos em torno de grandes seres como Jesus, os santos e outros instrutores da

Humanidade, deles recebendo, sem perceber, as inspirações de luz e de amor que tantas vezes nos direcionam os passos.

Evoluir espiritualmente também equivale a assumir maiores responsabilidades para com o próximo e com a coletividade.

## ATITUDES DOENTIAS

As atitudes de lamentação, tristeza, pessimismo, medo, desânimo, frustração e, mesmo aquele tipo doentio de conformação, representam venenos para a alma.

Muitas pessoas têm certa tendência para dar um toque mórbido em algumas coisas e jogar todas as dores e dificuldades à conta de um carma negativo (há também um carma positivo), e então vamos encontrá-las "atoladas no carma", gemendo penosamente sob o peso de suas cruzes, ***plenamente acomodadas com a dor*** e gerando ainda mais dor.

Como foi dito anteriormente, neste período de transição em que vivemos, o "lixo psíquico" acumulado no inconsciente está vindo à tona com muita intensidade, provocando desequilíbrios os mais variados, tais como a depressão, a síndrome do pânico, as enxaquecas, as fibromialgias, alguns distúrbios de comportamento e inúmeras outras enfermidades.

Sendo assim, é importante buscar sempre uma postura saudável, ***aceitar*** a dor sem revolta quando ela nos atinge e, quando nada pudermos fazer para minorá-la ou extingui-la; procurar entender que é ela a nossa depuradora, que vai lavar o nosso interior, observando, no entanto, que ***aceitar*** é saudável, enquanto ***conformar-se*** é doentio. Conformar-se é o mesmo que acomodar-se com o infortúnio, deixando de aproveitar as lições que ele pode nos ministrar. A dor contém em sua intimidade um energismo forte que podemos transmutar em luz interior, mas isto não se faz nutrindo autopiedade, nem emoções "para baixo". Essa transmutação só é possível por meio de uma compreensão mais plena, uma forma de encarar a vida e as ocorrências de maneira mais saudável, perguntando a si mesmo, na hora do problema, do sufoco, da aflição, ***qual será a lição que o sofrimento está querendo me ensinar.***

Com sinceridade e bom senso, é fácil descobrir qual é essa lição, lembrando-se também que muitos Espíritos reencarnam com uma programação de dificuldades e problemas variados, para que desenvolvam certas aptidões, como tenacidade, criatividade, melhor desempenho, esforço próprio, senso de responsabilidade e outras.

Então, é o caso de perguntar o ***que pode fazer, que providências tomar, o que mudar*** para solucionar o problema, ou atenuá-lo.

Cultivar atitudes doentias gera ainda mais energismo pesado, de baixa vibração, que circula no corpo espiritual, criando zonas de fragilidade, verdadeiros focos de enfermidades. Além disso, produz um campo magnético (aura) pesado, de baixa vibração, que atrai campos semelhantes e repele campos positivos.

O energismo produzido pelo contentamento (mesmo dentro da dor), pela confiança e pela fé, pelo otimismo e, principalmente pelo amor, é força que pode transmutar nosso lixo interior em luz espiritual.

"A alegria reveste todas as virtudes de luz". (*Miramez*)

## A crítica

Damos um passo importante em nossa evolução espiritual quando começamos a ver os seres vivos como ***centelhas divinas***, saturadas ou envolvidas em matéria, em processo de evolução. Se ***todos somos seres de luz***, ou melhor, se nossa essência mais íntima é luz, digamos, luz adormecida, ela vai despertando na medida em que nós mesmos amadurecemos por efeito do tempo, das lutas, dores e alegrias de cada dia e, também, pelos nossos próprios esforços. Daí, não há motivos para críticas, já que cada um respira no degrau que lhe é próprio e jornadeia pelos caminhos que escolhe, e são esses caminhos que proporcionam as experiências necessárias à evolução.

Até mesmo o mal é fator de valiosas experiências para a alma. Não fosse ele necessário, sem dúvida, não existiria, porque Deus não errou na programação da vida e dos mecanismos da evolução.

Vemos, portanto, que a crítica não é compatível com o crescimento interior, ou evolução espiritual, porque ***todos têm o direito de errar***; isto faz parte do processo evolutivo. Quando criticamos outrem, estamos muitas vezes tentando mascarar a nossa realidade, achando que, ao mostrar as faltas dos outros, diluímos as nossas próprias faltas nesse contexto.

O mesmo ocorre com relação às outras religiões. Ao invés de criticá-las, como tantas vezes fazemos, que tal pensar nelas com carinho e respeito pelos imensos benefícios prestados a milhões e milhões de pessoas, para cujo momento evolutivo certamente são elas as mais indicadas? Devemos lembrar que para tudo há um tempo certo e para cada faixa etária sideral, o alimento espiritual adequado. ***Deus não censura, não critica, nem apressa a evolução dos Seus filhos***, porque esse crescimento é obra do tempo, todavia nós podemos apressar a nossa, quando percebemos que nos atrasamos no caminho.

A crítica não construtiva, pelo simples prazer ou hábito, gera energismo do tipo que azeda nosso interior, e isto é ruim para a saúde do corpo e da alma. Além disso, com esse tipo de atividade, enviamos ao criticado um fluxo mental negativo, que poderá induzi-lo a caminhos ainda piores.

A crítica não construtiva gera responsabilidade cármica para quem a pratica.

## Cuidado com a vaidade

Muitas vezes, ao fazermos uma autoavaliação, chegamos à conclusão de que já evoluímos em determinado sentido, por termos conseguido vencer certas invirtudes. Ocorre que essa constatação pode não ser real, não alcançar a dimensão da nossa avaliação. Além disso, pode também gerar em nós a vaidade de achar que já estamos num degrau superior aos outros. Isto apenas prova que o nosso personalismo continua ativo.

Na verdade, só podemos começar a pensar que já estamos conseguindo vencer determinada imperfeição, depois que ela for testada e retestada em toda a sua profundidade em nossa vivência. Por exemplo, só podemos achar que já vencemos nosso orgulho depois que tivermos sofrido todo tipo de humilhações, sem revolta e sem que elas tenham deixado em nós sequelas de mágoas, traumas, tristeza, desalento, complexos, azedume, etc.

## Gratidão

Uma atitude que ajuda muito nossa evolução espiritual é a gratidão. Devemos nos sentir gratos por tudo, desde as coisas que nos parecem mais insignificantes, como a cadeira em que sentamos, o prato no qual podemos colocar o alimento para comer, o cãozinho amigo que nos faz festas, o aparelho de tevê que nos distrai, o chão no qual podemos pisar, etc.

Faça um exercício de gratidão, olhando tudo que o cerca com um novo olhar, e verá como seu estado de espírito melhora.

A gratidão, além de elevar a frequência vibratória, representa um antídoto para a depressão e para o orgulho. Ao nos sentirmos gratos por tudo, deixamos de nos sentir com direito a tudo.

## Ambiente do lar

Se o ambiente do seu lar está difícil de suportar, por que não torná-lo mais leve e mais agradável?

Siga as seguintes orientações:

Respire calma e profundamente, algumas vezes, dando a si mesmo um comando para relaxar. Pense na paz, na harmonia, no amor e na alegria. Envolva cada familiar nessa vibração e peça mentalmente ao Senhor da Vida para abençoar o seu lar, a sua família, envolvendo a todos em paz e harmonia.

E, pensando na pessoa que mais aborrecimentos lhe causa, diga como toda sinceridade: "Que você, fulano (a) esteja bem, com saúde, com paz e contentamento. Que Deus o/a abençoe e o/a faça feliz."

## Quando estiver desalentado

Quando sentir-se desalentado, temeroso, receoso, com aquele temor indefinido que tantas vezes nos assalta, lembre-se de que o medo é uma emoção que abre canais de acesso a vibrações negativas.

Siga as orientações abaixo:

Respire calma e profundamente algumas vezes, dando a si mesmo um comando para relaxar.

Eleve o pensamento e peça ao Senhor da Vida para envolvê-lo em Seu amor, na Sua luz e na Sua proteção.

Mentalize todo o seu ser cercado por essa luz protetora, cuja fonte está no Criador.

Sinta-se protegido, forte, otimista e feliz.

## Quando sentir-se cansado

Quando sentir-se cansado, irritado ou depressivo, siga as orientações seguintes:

Respire fundo, algumas vezes, procurando relaxar.

Mentalize uma praia tranquila e deserta. Veja mentalmente as ondas brincando, murmurando segredos de vida e de amor. Imagine-se deitado na areia onde elas vêm molhar seu corpo, de instante a instante. Mentalize-as cobrindo todo o seu corpo e, ao passarem, levando embora o cansaço, o mau humor, a irritação e as preocupações.

Sinta o vento do mar e deixe a sua energia penetrar em você, em convites para o bem-estar, o bom humor e o bem-querer.

Dê a si mesmo um comando de força, de confiança e de bem-estar.

## Ao Levantar

Ao levantar pela manhã, abra a sua janela.

Respire algumas vezes, calma e profundamente, procurando relaxar.

Olhe o mundo, a natureza que puder vislumbrar, e identifique-se com ela.

Dê um alegre bom-dia à vida, mistério de Deus no infinito; à vida que esplende nos raios do sol, agita-se nas águas do mar, afaga os campos verdejantes e flui pelas montanhas altaneiras.

Sinta a vida circulando em seu corpo, em todo o seu corpo, em mensagens de saúde e bem-estar.

Sinta seu coração cheio de alegria, cheio de paz e harmonia.

## O vento

Ao acordar, pela manhã, procure pensar em algo benéfico, tão comum que nem percebemos sua importância em nossas vidas, como por exemplo, o vento.

Pense no vento que balança as folhas do arvoredo num bailado de alegria, que conduz o pólen que perpetua a vida e traz o perfume das flores e o cheiro do mar.

Imagine como seria se não houvesse vento. O ar ficaria parado, pesado, num calor de estufa. As folhas não mais se tocariam alegremente, as velas das jangadas cairiam murchas, e o ar perderia sua força.

Pense em como é bom o vento que nos toca com seus dedos leves e ágeis, que leva de nós os pensamentos pesados e deixa mais leve o coração.

Receba o vento com alegria, abra bem as narinas, inspire, sentindo as energias do ar circulando em seu corpo, levando leveza e alegria para cada órgão, cada célula.

Sinta-se feliz.

## Espíritos sofredores

Quando algum Espírito sofredor se aproxima de nós, geralmente passamos a sentir com maior ou menor intensidade os seus padecimentos. Assim, quando perceber que está sentindo algum tipo de sofrimento inabitual faça uma prece, se possível, em voz alta, pedindo a Deus ou a Jesus para amparar o sofredor, envolvê-lo em vibrações de paz e dar-lhe alívio e consolação. Peça também aos benfeitores espirituais para que venham buscar o irmão necessitado, e levá-lo, para que seja devidamente assistido.

*Cultivar atitudes depressivas como tristeza, desânimo, medo, amargura, insegurança, frustrações... gera energia doentia, pesada, de baixa vibração, que circula no organismo, formando bloqueios e zonas de fragilidade, verdadeiros focos de enfermidades. Além disso, cria um campo magnético (aura) pesado, de baixa vibração, que atrai campos semelhantes e repele campos positivos.*

*Lembre-se de que em nossa mente temos os melhores recursos para o bem-estar e o bem-viver.*

# Capítulo 18

## Blindagem Espiritual

Neste período crítico, da transição planetária, importa cuidarmos com a máxima atenção da nossa proteção espiritual.

Se colocamos grades, trancas e fechaduras em nossas casas, no intuito de nos livrarmos de ladrões e assaltantes encarnados, da mesma forma devemos ter cuidado com nossa "casa espiritual", ou seja, nossos diversos corpos e o campo áurico que se forma em torno de nós. Podemos fazê-lo, criando em nós, e ao nosso redor, uma blindagem vibratória que evite a passagem de energias incompatíveis e possa sustar ataques de desafetos espirituais e de inimigos da luz.

Essa blindagem é particularmente importante para os médiuns, em virtude de maior abertura psíquica que possuem para a dimensão espiritual; também é importante para todos aqueles cujas atividades possam contrariar as pretensões dos inimigos da luz.

É importante lembrar que ressonâncias do passado reencarnatório de muitos de nós, também fragilizam essas defesas. Nesses casos, o esforço para fortalecê-las deve ser redobrado.

Apresentamos, em seguida, algumas práticas e sugestões que ajudam a formar a blindagem de que falamos e, ao mesmo tempo, representam excelente suporte para quem se propõe a construir e cimentar a própria evolução espiritual.

Sugerimos que imprima este capítulo para que, ao sentir presenças negativas, energias incompatíveis, ou simplesmente quando quiser otimizar a evolução espiritual, possa tê-lo mais facilmente à mão.

## Presença de Deus

Esta mentalização já foi apresentada na primeira parte deste trabalho, mas entendemos ser importante repeti-la aqui.

Respire fundo algumas vezes, enviando junto com o ar uma onda relaxante para todo o seu ser.

Envolva todo o seu corpo num sentimento de amor e de carinho.

Deixe que uma sensação de paz vá tomando conta do seu íntimo.

Volte a atenção para o centro da sua cabeça e para o seu coração... Para uma luz que brilha no centro da sua vida. É a sua essência mais íntima; é a presença de Deus em você.

Procure sentir a profunda harmonia, o amor e o poder que emanam dessa presença.

Tudo em você se transforma em amor, em harmonia, em alegria.

Diga, mentalmente, sentindo a verdade profunda que há nestas palavras:

"Eu sou luz. Em minha essência mais íntima, sou luz, sou poder, sou amor, sou alegria."

Sinta, o mais intensamente que puder, essa presença divina em todo o seu ser.

Sempre que lembrar, reative essa conexão. Para isso, basta ligar-se mentalmente à sua luz interior, presença de Deus em você. Lembre-se de que o Mestre disse: "Sois deuses".

Um momento importante para essa mentalização se dá assim que acordar, antes de sua mente envolver-se com as tricas do cotidiano. É uma excelente preparação para o novo dia.

Esse procedimento, quando feito de forma sistemática, vai despertando nossa luz interior e transmutando, mesmo lentamente, nosso clima psíquico de profundidade com ganhos vultosos em nossos processos evolutivos.

A constatação continuada da presença de Deus em nossa intimidade favorece a elevação da nossa frequência vibratória, e nos dá uma harmoniosa sensação de plenitude, num prazer puramente espiritual.

## DESENVOLVER AMOROSIDADE

Sempre que estiver em presença ou nas proximidades de pessoas, observe aquelas que lhe pareçam menos favorecidas, como as que enfrentam dificuldades naturais pela sua pobreza material, as fisicamente feias, as idosas, as que apresentam problemas físicos, as que parecem tristes e também as que lhe pareçam más... E envolva-as numa vibração de carinho, de afeto, de soerguimento.

Quando conseguimos perceber as profundas implicações no uso da amorosidade em nosso cotidiano, tornando-a atitude predominante, podemos também observar como o nosso interior mudou, iluminou-se.

## Exercício para desenvolver amor universal

Feche os olhos para se concentrar melhor e respire fundo algumas vezes para relaxar.

Pense em alguém a quem ama com muita ternura.

Sinta como é boa essa sensação de amar alguém e de saber que também é amado.

Pense em algum animal ou mesmo em alguma coisa de que gosta muito... Sinta como é boa essa sensação de gostar, de querer bem.

Agora que está com o seu coração cheio de amor, pense com afeto em si mesmo, nas pessoas no seu entorno, nos companheiros de trabalho ou de outras atividades; pense com amor na humanidade, como se estivesse abraçando todas as pessoas da Terra, envolvendo-as em amorosidade e em sentimentos de paz.

## O bom olhar

Em Mateus 6, 22-23, Jesus ensinou: "Se os teus olhos forem bons, todo o teu corpo será luminoso. Mas se os teus olhos forem maus, todo o teu corpo estará em trevas."

Esse é um ensinamento primoroso, pois um corpo luminoso (luz espiritual) afasta os inimigos da luz.

Habitue-se a olhar para as pessoas do seu entorno com um olhar não de crítica ou censura, mas de afeto, desejando-lhes o melhor. Se observar que alguém está triste, envie-lhe uma vibração de conforto e de alegria. Ao observar que alguém está nervoso, irritado, envie-lhe uma vibração de calma, de paz. Para quem lhe pareça ser do mal, envie uma vibração de luz e de amor.

Esse procedimento é um poderoso desenvolvedor de amorosidade.

## Criticar ou Julgar

Quando sentir vontade de criticar ou julgar alguém, ao invés disso, desenvolva um sentimento de amorosidade por si mesmo, pelo seu entorno e, finalmente, por quem deseja criticar.

Ao mesmo tempo, eleve seu Espírito em busca das Forças Superiores e peça para que envolvam o objeto da sua crítica em vibrações de paz, de luz e de amor.

Atente para o quanto essa escolha lhe foi benéfica.

## No trânsito

Quando estiver no trânsito, seja dirigindo um automóvel ou espremido num ônibus ou trem, ao invés de se aborrecer, desenvolva um sentimento de amorosidade por si mesmo, desde os pés até a cabeça.

Em seguida, direcione esse sentimento para o seu entorno, para as pessoas que se encontram nas proximidades.

Lembre-se de que, nesses momentos, você deve ser uma fonte a irradiar boas vibrações para todo o seu entorno, não importa que tipo de pessoas ali se encontrem.

Ao mesmo tempo, eleve o Espírito em busca de Deus, de Jesus ou das Forças Cósmicas do Amor.

Observe o quanto esse procedimento lhe foi benéfico.

## Reclamações

Quanto tiver vontade de reclamar de coisas que você não pode mudar, eleve seu pensamento ao Alto, e desenvolva um sentimento de amorosidade por si mesmo, desde os pés até a cabeça.

Sinta amor pela sua roupa, seja ela de grife ou de camelô.

Sinta amor por tudo que há no seu entorno.

Pense na humanidade, tão carente de afeto, e peça às Forças Cósmicas do Amor para envolverem a Terra e vibrarem amorosidade nos corações de todos os Espíritos, encarnados e desencarnados.

Observe como seu estado de espírito mudou.

## Depressão

Quando estiver depressivo, ao invés de continuar mergulhado nesse pântano, comece a desenvolver um sentimento de amorosidade por si mesmo, pelos pés, pelas pernas, pelo corpo com todos os seus órgãos, os braços, o pescoço e a cabeça.

Em seguida, sinta amor pela sua roupa, seja ela rica ou pobre.

Sinta amor por tudo que há no seu entorno, seja o que for.

Ao mesmo tempo, eleve seu Espírito em busca de Deus, de Jesus ou das Forças Cósmicas do Amor, agradecendo por tantas coisas boas que a vida lhe dá, assim como o ar para respirar, a água, o alimento, a moradia, a amizade, o afeto...

Pense em como seria se você não tivesse nenhuma dessas coisas, mas lembre-se de que você as têm.

Observe o quanto esse procedimento lhe fez bem.

## Forças Cósmicas do Amor

Respire fundo algumas vezes e relaxe.

Eleve seu pensamento para o Alto e diga mentalmente, procurando sentir o que vai dizendo:

"Peço às Forças Cósmicas do Amor para me envolverem, vibrando amor em meus sentimentos.

Que esse amor vibre em todo o meu ser, refletindo-se em meu campo magnético, tornando-o forte, vibrante, luminoso.

Peço às Forças Cósmicas do Amor para envolverem o nosso planeta em toda a sua extensão, vibrando amorosidade nos corações de todos os seres humanos, encarnados e desencarnados, pacificando a humanidade e predispondo-a ao bem e à fraternidade."

## Sentir gratidão

Respire fundo algumas vezes, dando a si mesmo uma ordem para relaxar.

Comece a sentir amor por si mesmo. Fixe a atenção nos seus pés, procurando senti-los e pense na importância que eles têm para você. Sinta por eles gratidão e amor. Faça o mesmo com relação às pernas, às coxas, aos quadris, ao abdômen, e assim por diante, até sentir amor por todo o seu corpo, pela sua alma, pelo seu Espírito.

Em seguida, passe a sentir amor e gratidão pela roupa que está vestindo, pelo ambiente onde se encontra, pelos móveis, pelo piso, pelas janelas e portas etc. Continue sentindo amor, carinho, afeto pelas pessoas do seu convívio, os conhecidos e desconhecidos, a humanidade, o nosso planeta.

Esse exercício é daqueles que devem ser praticados constantemente por causa de seu forte potencial de energias que elevam a frequência vibratória e ajudam a equilibrar e a desbloquear o sistema energético.

## Olhar do bom jardineiro

Quando estiver num local público, observe alguma pessoa, qualquer uma, e acolha-a no seio da sua afeição. Ao invés de olhá-la de maneira crítica, faça-o com o "olhar do bom jardineiro", que enxerga as flores e os frutos que se ocultam na intimidade de cada ser. E, mesmo que seja uma pessoa de má catadura, cara de malfeitor, ou alguém desagradável, cuja presença lhe cause desgosto, lembre-se de que, na intimidade dessa pessoa, do Espírito dela, também vibra a centelha divina do Criador. Pense num cacto sem graça e cheio de espinhos, mas lembrando-se de que em sua intimidade vibra a energia das flores que surgirão mais cedo ou mais tarde e diga mentalmente:

"Que Deus te abençoe e que a Sua luz guie os teus passos vida à fora. Seja feliz."

## Ao acordar

Ao acordar, pela manhã, antes que a mente se mobilize com as tricas do cotidiano, construa em si mesmo uma realidade bem positiva, dizendo mentalmente e visualizando a realização do que for, dizendo:

"Na intimidade do meu Espírito brilha a luz de Deus, iluminando minha mente, meu coração e todo o meu ser.

A luz de Deus, brilhando em mim, vai eliminando toda a negatividade, deixando todo o meu ser vibrando na luz, na paz, no contentamento e no bem-estar.

A luz de Deus, pulsando vida em mim, fortalece minha mente, minha vontade e todo o meu ser. Eu sou luz, sou amor, sou alegria."

## Energia do mar

Respire fundo algumas vezes, procurando relaxar.

Imagine que se encontra numa praia deserta.

Procure sentir a energia do mar, das ondas quebrando na areia e nos rochedos próximos.

Inspire essa energia, levando-a mentalmente para as fossas nasais, os ouvidos, os olhos e toda a cabeça, num movimento de limpeza das energias incompatíveis.

Inspire de novo, levando a energia do mar para o pescoço, para as omoplatas, os ombros, os braços e as mãos; para todo o seu corpo, para as pernas e os pés, fazendo a mesma mentalização de limpeza.

Repita esse procedimento até sentir-se limpo de energias negativas.

Sinta-se forte e bem-humorado.

## Meditar em Deus

Faça algumas respirações profundas, dando a si mesmo ordens para relaxar.

Quando se sentir bem relaxado, comece a meditar em Deus, essa Mente Cósmica fabulosa e perfeita, fonte do amor, da beleza e da harmonia, da sabedoria, da alegria, do bem-estar, e que está presente em todo o universo. Imagine-a como uma luz no infinito, abrangendo tudo.

Peça mentalmente a essa luz que envie um raio até você. Visualize esse raio de luz descendo do alto, penetrando em sua cabeça, iluminando-a; chegando ao seu coração e iluminando todo o seu interior.

Sinta essa presença divina em si mesmo, nos mistérios de sua alma, vibrando amor, harmonia, tranquilidade, alegria e bem-estar.

Sinta-se amparado e protegido por essa presença.

## No chuveiro

Mentalize a água como sendo o poder de Deus descendo sobre você, penetrando em sua cabeça e descendo pelo corpo, lavando todas as impurezas psíquicas, limpando todo o seu ser de qualquer negatividade.

Essa mentalização você pode fazer sempre, a qualquer momento e em qualquer lugar. Basta mentalizar o poder de Deus fluindo através de você.

## Como lidar com nosso pior inimigo

Nosso pior inimigo muitas vezes é o nosso próprio pensamento, quando fica girando em torno de alguma ocorrência que nos magoou, nos irritou ou aborreceu, relembrando-a sempre, dissecando os porquês e matutando sobre como deveríamos ter reagido. Pior ainda acontece quando a atenção se fixa em busca de algum meio para revidarmos ou nos vingarmos.

Essa é uma situação na qual a mente fica encarcerada numa prisão nefasta, gerando energia maléfica e envolvendo com ela o psiquismo.

Que fazer nessas situações?

De início, deve-se ordenar à mente para não pensar mais naquilo que gerou a mágoa ou aborrecimento, e permanecer sempre muito atento para expulsar "aquilo" da mente sempre que nela surgir. Isto não é fácil, mas é essencial para se conseguir um mínimo de equilíbrio e de harmonia interior.

Na outra vertente, deve-se desenvolver, o mais que for possível, um estado interior de amorosidade e de perdão pleno e incondicional. Um perdão assim é muito difícil, mas é de grande utilidade fazer uma reflexão sobre as seguintes palavras de Miramez: "Os Espíritos superiores possuem uma serenidade imperturbável. Fruto de um estado permanente de perdão pleno e incondicional".

Quando conseguimos perdoar e manter nosso psiquismo vibrando com amor, todas as situações e ocorrências que poderiam nos magoar, irritar ou enraivecer, tornam-se mais brandas aos nossos olhos e assim podemos superá-las com mais facilidade.

Uma prática que sempre ajuda bastante é a de elevar o pensamento e dizer mentalmente "Peço às Forças Cósmicas do Amor e do Perdão para me envolverem, vibrando amorosidade em todo o meu ser, e me ajudando a perdoar de todo o coração."

Deve-se repetir essa mentalização sempre que lembrar ou perceber que é necessária.

## AUTOPASSE

Há uma gama imensa de desconfortos e sofrimentos que podemos ter quando nosso sistema energético se encontra carregado com energias incompatíveis. Também a irritação, o desânimo, o mau humor e os estados depressivos geralmente indicam a presença dessas energias. Esse é um estado bastante propício para Espíritos malfeitores conseguirem nos influenciar.

Nesses casos, o autopasse pode ajudar, e muito.

Comece procurando elevar sua frequência vibratória, com o pensamento voltado para Deus, em oração.

Vá então passando as mãos e, principalmente, as pontas dos dedos pelo seu corpo, como se estivesse limpando a pele, sempre de cima para baixo ou do meio para os lados, começando pela cabeça.

Faça o mesmo ao longo dos braços e das mãos, do tronco e das pernas.

Enquanto estiver aplicando o autopasse, faça constantemente a limpeza dos braços e das mãos, para não ficarem impregnados com energias pesadas, atirando essas energias ao chão. Estes detalhes todos você vai podendo observar e sentir em si mesmo, agindo e reagindo de acordo com as circunstâncias.

Ao final, erga os braços com as mãos abertas e chame mentalmente a energia cósmica. Você pode senti-la como uma onda quente penetrando pelas mãos, ou mesmo como vibração. Essa energia, depois de circular pelo corpo, retorna ao espaço.

O autopasse funciona eficientemente como instrumento de limpeza e reequilíbrio do nosso sistema energético.

Na prática, podemos sentir com absoluta segurança os seus efeitos. Quando estamos com nosso sistema energético muito carregado, nos primeiros movimentos do passe e, conforme vamos passando as mãos ao longo da cabeça, dos braços e do corpo, podemos sentir arrepiamentos, calafrios e até mesmo vários tipos de mal-estar, mas com a continuidade do autopasse, essas reações vão desaparecendo, deixando apenas uma sensação de bem-estar.

*Sempre que se lembrar (procure lembrar-se sempre) diga mentalmente: "Na intimidade do meu Espírito, vibra a presença de Deus."*

*Lembrando-nos sempre da presença de Deus em nosso interior, nossa tendência natural será a de procurarmos viver de acordo com essa presença.*

# Capítulo 19

## Sugestões Aos Centros Espíritas

### 01 – Modelos de reuniões

Substituir parte das reuniões de estudos por outras de planejamento e de "trabalho de campo".

Nas reuniões de ***planejamento***, seriam discutidas e planejadas ações sobre questões como: evasão nos Centros Espíritas; melhorar a recepção aos que chegam à casa; melhorar a qualidade das reuniões de palestras, tornando-as mais atraentes e mais produtivas; abrir mais espaços na comunidade no entorno da casa, etc. Se o grupo realizar pesquisas junto aos frequentadores, certamente vai encontrar bastante material para um planejamento.

No "trabalho de campo" o grupo se ocuparia na aplicação do planejamento que tiver sido sugerido e aceito pela direção do Centro.

Esta sugestão tem também a finalidade de integrar os grupos de estudos às atividades da Casa.

## 02 – Momento de reflexão

No encerramento das reuniões, solicitar aos presentes para fecharem os olhos e, durante dois minutos, fazerem uma reflexão sobre determinado tema, como, por exemplo:

a) Que posso fazer para eliminar qualquer mágoa ou ressentimento que esteja sentindo?

b) Que posso fazer para tornar melhor o convívio no meu lar ou no meu ambiente de trabalho?

c) Será que estou sendo uma presença benéfica nos meus ambientes?

d) Que posso fazer para me tornar mais humilde?

No final da prece de encerramento, pedir a Deus ou a Jesus para envolver a Terra em vibrações de amor e de paz, e para ajudar a todos os presentes a desenvolverem durante aquela semana o valor, cuja reflexão tinha sido solicitada.

Caso o Centro tenha aderido à Campanha Quinzenal, a reflexão deve estar relacionada ao tema da quinzena.

## 03 – Campanha Quinzenal

A *Campanha Quinzenal* é uma ***oficina contínua de evolução espiritual***, uma ferramenta preciosa nas ações de crescimento interior, tanto dos trabalhadores da casa, quanto dos frequentadores:

a) a cada quinzena pautar um tema para ser "trabalhado" no Centro, tanto pelos trabalhadores da casa, quanto pelos frequentadores;

b) nesse período, direcionar palestras e estudos (sempre que possível) para o tema que estiver em pauta;

c) no início do período (quinzena), afixar os cartazes relativos ao tema em todas as dependências do Centro, principalmente no auditório. Oferecemos, mais adiante, várias sugestões para os temas e para os cartazes;

d) reservar os últimos cinco ou dez minutos de ***todas as reuniões*** para um bate-papo com os presentes, sobre suas tentativas de vivenciar o valor que estiver em pauta naquela quinzena. Isto gera valiosa interação entre todos, além de enriquecedoras trocas de experiências. Também auxilia a gerar memória, para que as pessoas possam sustar a palavra, o gesto, ou o sentimento que desejam eliminar das próprias atitudes, antes que aconteçam;

e) ***incentivar sempre*** a todos a se empenharem, o quanto lhes for possível, para vivenciar o valor em pauta, tendo-a sempre no foco das atenções. Digamos que o valor da quinzena seja o respeito. Deve-se então, durante esse período, procurar analisar todas as implicações desse valor, seja do respeito para consigo mesmo, com o outro, com o meio ambiente, a humanidade, etc., lembrando-lhes também que na próxima reunião haverá um espaço interativo para essas reflexões e para a narração de experiências obtidas;

f ) quando todos os temas já tiverem sido "trabalhados", recomeçar a série, e assim por diante, para que sempre a Casa esteja envolvida com a vivência de um valor evolutivo;

g) um instrumento valioso para fortalecer a Campanha Quinzenal está na criação das ***reuniões interativas***, com a finalidade de se refletir sobre o valor que está na pauta da Campanha, analisar todas as suas implicações e pensar meios que ajudem a vivenciá-lo no cotidiano. Mas é preciso que o dirigente dos trabalhos tenha "pulso" e saiba conduzi-los de tal forma a não permitir que alguém fuja ao tema, ou ocupe maior espaço de tempo do que o desejável, incentivando todos a participarem. Certamente, deve haver um planejamento adequado para cada reunião;

h) para a confecção dos cartazes sugerimos que o Centro solicite ajuda à Mocidade Espírita, caso haja esse grupo na Casa, tendo em vista que os jovens gostam muito desse tipo de ação. É também uma forma de integrá-los mais às atividades da Casa, sem falar nos próprios ganhos evolutivos que poderão ter ao se envolverem com uma campanha como essa. Da mesma forma, os frequentadores da Casa também podem ser convidados a colaborar.

Observe-se que as sugestões apresentadas neste opúsculo têm a característica de tornar a frequência à Casa Espírita ***mais prazerosa***, menos tediosa, porque uma das queixas dos frequentadores de muitos Centros é justamente essa.

Por que alguém procura um Centro Espírita? A imensa maioria o faz por necessidade, nem que seja aquela de quando se acredita que a frequência ao Centro favorece a proteção espiritual, o merecimento, etc. Quando o palestrante é bom, assistir à palestra se torna algo prazeroso, mas os bons palestrantes são poucos para muita demanda e, então, em muitos casos, os frequentadores ficam ali a contar os minutos que faltam para o passe ou a prece final, a ouvir algum companheiro de boa vontade, mas nenhuma habilidade de oratória, explanando algum tema do *Evangelho segundo o Espiritismo* ou de *O Livro dos Espíritos.*

Ressalte-se também a importância de uma *Campanha Quinzenal* num Centro Espírita, incentivando-se a vivência de determinado valor durante o período estabelecido. Mas é essencial ***dar contínuo incentivo*** aos trabalhadores da Casa e aos frequentadores, inclusive com lembretes constantes para a vivência do valor que estiver em pauta, como, por exemplo, na abertura de cada reunião perguntar aos presentes se têm se lembrado de vivenciar o referido valor, etc. Pode-se também sugerir lembretes individuais, como os apresentados anteriormente no texto *Gerando memória*.

## Temas Quinzenais e Cartazes

Para facilitar, damos, a seguir, algumas sugestões para temas e conteúdos de cartazes.

### Cartazes Extras Para Exposição Contínua

Cartaz 01 – ***Irradiações luminosas para a Terra.***

1º Momento – Eleve o pensamento ao Senhor da Vida, pedindo para envolvê-lo em Sua luz. Em seguida, passe a irradiar essa LUZ para a humanidade, iluminando as mentes e os corações de todos.

2º Momento é para irradiações de AMOR.

3º Momento é para irradiações de PAZ.

Repita, sempre que lembrar.

Cartaz 02 – ***Irradiações luminosas para a Terra.***

Este é um momento muito grave na história da humanidade e você está sendo convidado a colaborar... A gerar luz, de forma intensa e constante para a Terra.

Sempre que lembrar, eleve seu pensamento a Deus. Conecte-se às forças cósmicas da LUZ, e comece a irradiar LUZ para a Terra.

Depois, faça o mesmo com relação ao AMOR e em seguida, à PAZ.

CARTAZ 03 – ***Irradiações luminosas para a Terra.***

Você está sendo convidado a gerar vibrações luminosas para a humanidade, sempre que lembrar.

Repasse essa sugestão a outras pessoas, sempre que tiver oportunidade.

Pense em tudo que você já recebeu, desde o seu nascimento até agora.

Quem agora está precisando receber é a Terra.

CARTAZ 04 – ***Presença de Deus***

Respire fundo e relaxe. Volte a atenção para uma luz que brilha na essência mais íntima do seu Espírito... É a presença de Deus em você.

Procure sentir a profunda harmonia, o amor e o poder que emanam dessa presença. Tudo em você se transforma em amor, harmonia e paz.

Reative sempre essa conexão.

Perceber a presença de Deus em nós favorece nossa evolução espiritual.

# Cartazes Para As Quinzenas Da Campanha Quinzenal

## Quinzena da ALTERIDADE

Cartaz 01 – ALTERIDADE é o valor que promove a PAZ. É o respeito que devemos ter pelos outros, por suas crenças, sua maneira de ser, de pensar... E por seus direitos.

A pessoa alteritária aceita a todos como são, respeitando as diferenças e também aprendendo com os que são diferentes. Ninguém é dono da VERDADE.

Cartaz 02 – Ao criticar alguém, geramos energia de baixo teor, que adere ao nosso corpo espiritual, predispondo-o a enfermar. Depois, essa energia alcança a quem criticamos, fortalecendo mais ainda o seu lado negativo.

A crítica não construtiva gera responsabilidade cármica para quem a pratica.

Cartaz 03 – Para um bom convívio, é imprescindível haver alteridade, porque ela favorece a pacificação, o bom entendimento (não fingido) entre grupos e pessoas, um relacionamento maduro, fraterno e respeitoso.

Ser alteritário é construir a fraternidade apesar das divergências.

A pessoa alteritária não se acha a dona da verdade.

# QUINZENA DA AMOROSIDADE

CARTAZ 01 – Sinta amor por si mesmo... Por seu corpo, sua alma, seu Espírito.

Sinta amor pela roupa que veste, seja de grife ou de camelô.

Ame tudo que há no seu entorno. Ame seus familiares... Ame a humanidade, tão carente de amor.

CARTAZ 02 – Respire fundo... Relaxe. Conecte-se às Forças Cósmicas do AMOR.

Durante um minuto, peça para envolverem a Terra, vibrando amorosidade na intimidade de todos os Espíritos, encarnados e desencarnados.

Sempre que dispuser de alguns segundos... Repita esse procedimento. É bom para a Terra... É excelente para você.

CARTAZ 03 – Pesquisas científicas têm demonstrado a eficiência do amor e do perdão, na geração de saúde e bem-estar.

Induza seu coração a irradiar afetividade sempre, principalmente para as pessoas desagradáveis e antipáticas. São as que mais necessitam dessa doação.

CARTAZ 04 – Se observar que alguém está triste, envolva-o em vibrações de conforto e de alegria. A quem se mostra nervoso, irritado, envolva numa vibração de calma, de paz. Se alguém lhe parece ser do mal, envie-lhe uma vibração de luz e de amor.

Faça isso e estará desenvolvendo o maior de todos os valores, o AMOR.

## Quinzena da GRATIDÃO

Cartaz 01 – Ao invés de se lastimar, mude essa atitude de vítima para a de gratidão, agradecendo sempre por tudo que a vida lhe dá.

Só assim vai perceber quantas bênçãos, pequenas e grandes, você recebe a cada dia.

As pessoas felizes lembram do passado com gratidão, alegram-se com o presente e encaram o futuro sem medo.

Cartaz 02 – Está deprimido, irritado, revoltado?

Sinta amor e gratidão por seu corpo... Por seu Espírito. Sinta gratidão e amor pela roupa que veste, pela cadeira onde se senta, pelo chão onde pisa e tudo o mais...

Estenda esse sentimento para o seu lar... Para seus familiares... Para toda a humanidade. Observe como seu estado de espírito melhorou.

Cartaz 03 – Expresse gratidão com palavras e atitudes. Desse modo, você passa a perceber as bênçãos recebidas que nem tinha notado. Vai sentir como foi protegido, amparado e ajudado tantas e tantas vezes.

A gratidão eleva a frequência vibratória. É antídoto para a depressão e para o orgulho. Ao nos sentirmos gratos por tudo, deixamos de nos sentir com direito a tudo.

Cartaz 04 – Devemos agradecer as coisas boas e também as ruins, pois tudo acontece para melhor e tudo segue um plano divino.

As dificuldades devem ser vistas como lições que estamos precisando aprender.

Veja apenas as coisas boas nos outros, para que a bondade e a gratidão cresçam em seu interior.

A gratidão é uma virtude das almas nobres.

## Quinzena da HUMILDADE

Cartaz 01 – Ser humilde NÃO é usar roupas pobres, andar de chinelas ou viver sem conforto.

Humildade não é ser pobre, é ser digno.

Quem é humilde não se compraz com a admiração alheia, nem atribui a si qualquer superioridade.

Seja como o sol que, apesar de toda sua grandeza, se põe, e deixa a lua brilhar.

Cartaz 02 – Disse Jesus: "Aprendei de mim que sou manso e humilde de coração, e tereis paz para as vossas almas". E quando o acusaram, Ele silenciou... Não se ocupou em dizer a última palavra.

**E eu... Consigo me calar?**

Espíritos evoluídos são modestos e humildes. Arrogância e soberba refletem atraso espiritual.

Cartaz 03 – Se você acredita que já consegue ser humilde, observe suas reações mais íntimas às situações indesejadas, às críticas que sofrer, aos mais diversos conflitos... Sua postura real diante de quaisquer ocorrências ou fatos...

Poderá perceber, na maioria dos casos, que a sua reforma interior ainda não alcançou as camadas mais profundas do seu ser.

Cartaz 04 – O maior líder é aquele que reconhece sua pequenez, extrai força de sua humildade e experiência da sua fragilidade.

A humildade é uma coisa estranha. No momento em que achamos que a temos, já a perdemos.

Mas, cuidado com a falsa humildade. Não queira mostrar uma santidade que ainda não alcançou.

## Quinzena da ORAÇÃO

Cartaz 01 – Quem nutre rancor, orgulho, egoísmo, desamor... Gera preces em "ondas longas". Não se elevam. Humildade, amorosidade, perdão, fé... Geram preces em "ondas curtas"... Alcançam faixas mais elevadas.

Vivencie esses e demais valores, para que suas preces possam chegar ao destino.

Cartaz 02 – QUANDO elevas teu Espírito a Deus? Quando a situação aperta? De vez em quando? Constantemente?

COMO oras? Para pedir por outros? Para pedir por si e pelos seus? Para agradecer e louvar? Só para fazer contato com o Alto?

Cartaz 03 – Mantenha acesa a chama da esperança e da fé. Eleve o pensamento a Deus, sempre que lembrar.

MAS...

Antes de se dirigir a Ele, em oração, perdoe a todos que o tenham magoado ou ofendido. Só assim, sua oração poderá ser ouvida e obter resposta.

Cartaz 04 – Ore, pedindo a Deus por si mesmo, por seus familiares, seus afetos...

Mas, ore também pela humanidade, enviando a todas as pessoas da Terra uma vibração de paz, de amor e de luz.

Quando estiver desalentado, receoso, de "baixo astral"... Mentalize todo o seu ser cercado por uma luz protetora, cuja fonte está no Criador. Sinta-se protegido e forte.

## Quinzena da PAZ

Cartaz 01 – Quando sentir-se irritado, com raiva... Respire fundo e relaxe. Repita algumas vezes a palavra PAZ, sentindo a maravilhosa vibração que ela emite.

Deixe essa paz tomar conta de todo o seu íntimo.

Observe o quanto essa escolha lhe foi benéfica.

Cartaz 02 – "Eu vos dou a minha paz, a minha paz vos deixo. Não vo-la dou como o mundo a dá."

A paz do mundo depende das coisas terrenas. A paz do Mestre de nada depende; é construção interna que demanda tempo, esforço e determinação.

Não procure a paz à sua volta. Ela está dentro de quem a cultiva.

Cartaz 03 – Respire fundo. Relaxe. Não pense, apenas sinta um estado de calma, de profunda paz.

Amplie esse ambiente de paz e envolva nele o seu lar.

Conecte-se às Forças Cósmicas da PAZ e, durante um minuto, peça para envolverem a Terra, vibrando paz na intimidade de todas as pessoas.

Cartaz 04 – Uma das coisas importantes da não violência é que não busca destruir a pessoa, mas transformá-la.

A não violência é uma boa disposição para tudo que vive. É o amor na sua perfeição.

A humanidade não pode libertar-se da violência, senão por meio da não-violência.

Comece e termine o dia com uma oração pela PAZ. Que a paz comece por você.

## Quinzena do CONVÍVIO

Cartaz 01 – Está difícil aguentar aquela pessoa?... Lembre-se das palavras de Jesus: "Ama teu próximo como a ti mesmo. Pense então "naquela" pessoa e diga mentalmente, de todo o coração: Que você, fulano(a) esteja bem, com saúde, prosperidade e paz. Que Deus te abençoe e te faça feliz.

Cartaz 02 – Não gaste suas energias em lamentações. Mesmo que sua cruz seja pesada, não assuma postura de vítima da vida, nem fique à beira da estrada a se lamentar, para os passantes terem pena de você. Observe que entre eles muitos carregam cruzes mais pesadas que a sua, usando todas as energias para prosseguir.

Cartaz 03 – Não fique procurando coisas negativas nas pessoas. Procure-as em si mesmo.

Disse Jesus: "Não julgueis, para que não sejais julgados; porque com o juízo com que julgais, sereis julgados; e com a medida com que medis vos medirão a vós.

E por que vês o argueiro no olho do teu irmão, e não reparas na trave que está no teu olho?"

Ao invés de procurar defeitos nos outros, corrija os seus.

## Quinzena do EU

Cartaz 01 – Fazer caridade, participar de atividades benfeitoras, fazer palestras é...

MERECIMENTO. Evolução espiritual começa de dentro para fora, alicerçada em estados de espírito. Observe sempre o seu "clima interior" e procure mantê-lo:

AFETUOSO,ALTERITÁRIO,HUMILDEeCONTENTE.

Faça do equilíbrio o seu eixo.

Cartaz 02 – Observe seu estado de espírito, se está pesado, carrancudo, irritadiço, preocupado... MUDE ISSO.

Você deve se ocupar em resolver seus problemas, não a carregá-los nas costas.

Problemas e dificuldades são lições que estamos precisando aprender. São eles os nossos professores de vida.

Cartaz 03 – Ao acordar pela manhã, antes que sua mente se envolva com as tricas do cotidiano, cuide de imprimir em todo o seu ser um estado de espírito leve, prazeroso, afetuoso, em paz, e de bem com a vida.

Procure manter essa ambiência interior pelo restante do seu dia. E, à noite, antes de dormir, não se esqueça da prece.

Cartaz 04 – Que posso fazer para eliminar qualquer ressentimento ou mágoa que esteja sentindo?

Estou sendo uma presença benéfica nos meus ambientes?

Como tornar-me mais humilde?

Já consigo perdoar de forma incondicional?

Que posso fazer para melhorar o convívio no meu lar ou no meu ambiente de trabalho?

## Quinzena do PERDÃO

Cartaz 01 – O perdão e o amor geram um campo magnético que fortalece o sistema imunológico, eleva o teor vibratório e nos coloca fora da sintonia e do alcance de vibrações maléficas.

Perdoe sempre, de todo o coração. É bom para a saúde. É fundamental para a sua evolução espiritual.

Aquele que não perdoa, destrói a ponte sobre a qual ele mesmo deverá passar.

Cartaz 02 – "Perdoa setenta vezes sete."

Quem perdoa já cresceu no amor. Quem, humilde e sinceramente, pede perdão, caminha para o mesmo crescimento.

Esquecer o agravo sofrido é difícil, porque se trata da memória, mas é importante conseguir diluir a mágoa, a raiva ou o ressentimento, aliviando-se desse fardo tão prejudicial.

CARTAZ 03 – Conseguir perdoar é uma bênção, tanto para quem recebe como para quem concede. Ao perdoar, você se liberta do peso daquilo que o magoou.

Pessoas de difícil convívio nos ajudam a desenvolver paciência, tolerância, perdão, compaixão e compreensão.

Pergunte a si mesmo: "E eu, consigo perdoar de coração?"

CARTAZ 04 – Nenhum ser humano é perfeito. Ora, se somos imperfeitos, temos o direito de errar... Por isso, perdoe também a si mesmo. Não perdoar a si mesmo é carregar um fardo inútil.

Quando alguém se perdoa, aprende também a desculpar, oferecendo a mesma oportunidade ao seu próximo.

Errar é humano; perdoar é divino.

## OBSERVAÇÃO

Muitas vezes, um cartaz é bem elaborado, bonito, chamando a atenção, mas cuidado, porque pode ser o cartaz que está chamando a atenção e não o seu conteúdo. O importante é o CONTEÚDO.

FIM